讀書學習與家庭作業的無限可能

創意選擇學習地點

如果孩子卡在桌邊、不想繼續寫功課了，請務必讓他們去尋找適合自己的學習地點。你在圖中可以看到，孩子可以想出各式各樣的點子。

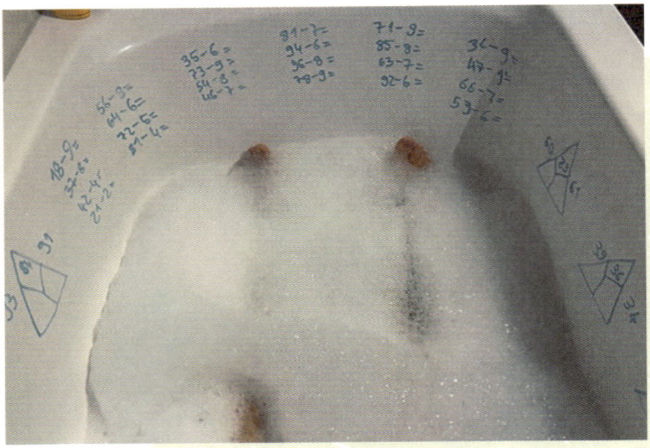

怪度再升級的學習地點：就連浴缸和淋浴間都適合拿來讀書，只要不要讓字糊掉就好！

不一定要坐在桌邊，整個爬到桌上也行——想像力無極限！

躲起來寫、邊看風景邊寫，或
甚至耍點雜技、倒立著寫——
只要有幫助就對了。

耐心滿滿的陪讀夥伴

寵物在身邊可以產生靜心效果，
營造宜人的學習環境。

跳格子：在格子中寫上數字一到十。孩子可以在這張「乘法表」跳上跳下，用自己的雙腳去感受奇、偶數因數——跳到奇數時，雙腳併攏；偶數時，雙腳張開。

利用愈多方法練習乘法表，就愈能牢牢記住

很少有其他學習主題跟乘法表一樣，能有這麼多有趣的練習方法。同時，想打穩數學基礎的話，也幾乎沒有其他比乘法表更重要的主題了。

搭配「停止歌曲」算數

孩子手中握著一定數量的彈珠或石頭，音樂開始播放時，就伸出手指去旋轉一個標有數字的圓盤。當音樂停止時，孩子也要停下來，接著開始進行算數任務：利用手中的彈珠數量和手指指到的數字進行運算。

偵探閱讀法

如果單純抄寫作業無法激發學習動機，那你可以讓它變得更好玩：用一個玻璃容器裝水，加入幾滴食用色素，再搭配一個玻璃杯。將裝有色素水的容器放在要抄的課文上，接著把玻璃杯放在容器內，這樣就可以透過玻璃杯進行閱讀了，就像偵探的放大鏡一樣。

在抄寫的時候，彩色玻璃扁珠也是一個很棒的小幫手，同時兼具小小放大鏡與書籤的功能。

在窗戶上讀書——或者其實是在雲朵中寫單字不論是單字、數學題目、詩，或是生物小考的內容，全都可以用水性粉彩筆寫在窗戶玻璃上來讀。

其他像是淋浴間的玻璃門或鏡子等平滑表面，也都很適合。這些奇奇怪怪的姿勢能讓孩子更有動力、也更有成效地完成作業。

活動筋骨與室外風景能讓想睡覺的學生恢復精神，就連上到第六堂課的八年級學生也會醒來。

單字創意練習法

在小學階段，有不少單字一來很常被拼錯，二來缺乏有效的拼字策略。我請家長蒐集這些經常拼錯的單字、整理到索引卡上，並花一週的時間以創意方法陪孩子重複練習幾次。

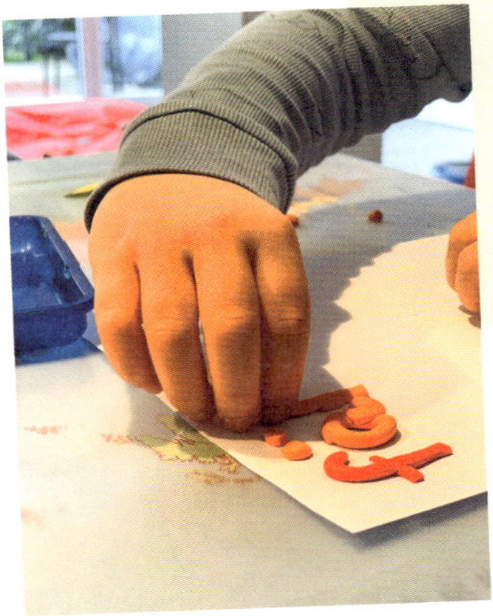

用手指在沙子裡、或用棍子在平坦的土地上寫字；用鈕扣或玻璃扁珠拼單字、將長緞帶拗成字母的形狀、用黏土捏出字母，或是用水彩筆沾水寫字。

用粉筆在地上畫出一個鍵盤，包括空白鍵和Shift鍵，接著就可以在上面拼跳出困難的生字或單字。

燃燒吧，作業

小小「縱火犯」尤其喜歡這個作法：先將一項大型任務切分成許多小型任務，並將它們一一寫在小紙條上，接著，每當孩子完成一項小任務，就可以把對應的小紙條燒掉（當然需要有人監督）。

計時器……

可以幫孩子設定作業的完成時限，讓他們在自己挑選的學習地點進行。這裡可以看到孩子趴在街道圖遊戲地毯上或紙箱內寫作業。

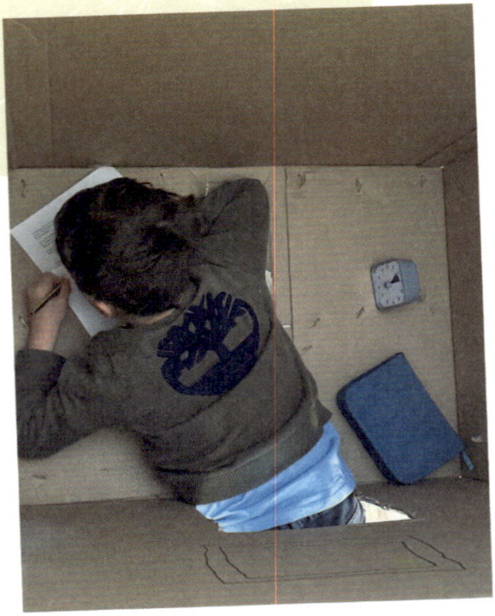

創意學習計畫：獨立學習的最佳開場方式

在這裡，家長投注十分鐘的時間，將眼前待辦的各項任務與進行順序以好玩的方式向孩子呈現。這個方法已獲證實極為有效，尤其是當孩子正面臨堆積如山的作業、瀕臨放棄的情況下。

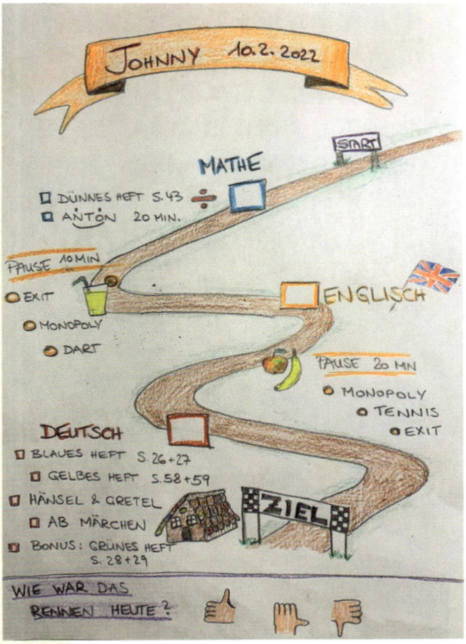

使用膠帶在地上貼出六個方格，並用六個不同的骰子加以標記。其中一個方格是中場休息區，提供三至四種不同的休息類型。學習任務則分散放置於其餘的方格中。接著，孩子就可以擲骰子、著手執行學習計畫上涵蓋的任務了。

學習計畫可以巧妙地融入孩子的個人興趣。圖中，有一份學習計畫在動物園內穿梭；另一份則呈現為馬術障礙超越錦標賽，每一隻賽馬都肩負著一項任務，而當任務完成時，那隻馬就可以踏上馬場跑一圈。

將學習任務擺置於街景地墊上，或者沿著木製火車軌道分散放置。接著，孩子開著車依序前往每一站，一旦完成各站對應的任務之後，就可以將擺置在那一站的物品拿走。很重要的是，在這項活動中也需要安排中場休息。

不見得要一直用紙

在背單字或公式的時候，如果能以各式各樣刺激大腦的方法練習，那將會大大地幫助孩子的記憶。

如圖：利用可拭白板筆或標籤貼紙在得寶（Duplo）拼砌積木上寫上單字，接著讓孩子尋找配對。卡普樂（Kapla）木片或疊疊樂（Jenga）積木也很適合。

如果能拿筆在碗盤上寫字，無聊的背誦就會頓時變得有趣。玻璃酒杯麥克筆在這裡超級適合，因為它們無毒又能輕鬆洗掉。

便利貼：讀書學習的極致萬用小幫手！例如，你可以將寫有單字的便利貼散放於家中各處，再讓孩子蒐集配對、集中到窗戶上。或者，你可以拿蒼蠅拍來拍打乘法計算的答案。

秋天提供我們很多運用栗子練習數學運算、閱讀、寫作與排序的創意機會。

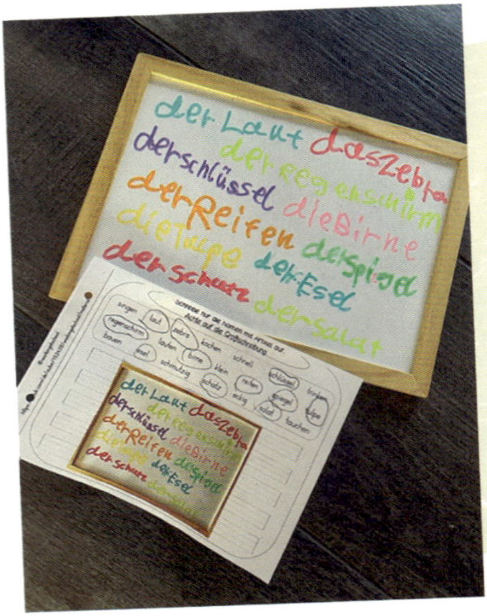

作業呈現

如果孩子是在窗戶上或用粉筆在室外完成家庭作業的，或是如圖中寫在小白板上，你可以直接拍一張照，把它印出來、貼在作業簿上即可。

非常感謝社群網友

這些超棒的照片全都來自於我的Instagram追蹤者，是他們在實際的學習與作業情境中拍攝的。這些照片賦予書中提到的許多小妙招、技巧和方法具體的形象，使它們鮮活了起來。非常感謝以下這些人，以及其他所有匿名提供照片的網友：Clara Nothhelfer、Kathrin Schwinger、Alessandra Otterbach、Elfi mit Cami & Cosma、Anne Ritter、Anna-Theresa Dominiak、Mag. Elisabeth Szorger、Katja Frixe、Tamara Kränzlein、Esther M. Bochinski、Andrea und Davin Wolf、Evi-Maria Kloos、Renate Bertl、Julia Komander-Schmidt、Kristoffer und Marten Wiesehoff、Sandra Wetter、Katharina Wroblewski、Familie Gastorf、Silke Bulatovic、Melanie Jell、Yvonne Cetintas、Antje Daemgen、Jari von Stein、Yvonne Roth、Patricia Griesenauer、Carolin Sittkus、Emilius Schlüfter、Steffi Deepen、Katrin Heuser、Claudia Urban、Jana Paschke。

教出自主學習的孩子

德國名師教你使用成長型學習思維，找回孩子主動學習的動機與專注力

Alles ist SCHWER, bevor es LEICHT ist

Wie Lernen gelingt Caroline von St. Ange

Caroline von St. Ange
卡洛琳．馮．聖安吉——著

江鈺婷——譯

目次

「以前的孩子都可以自己來啊！」

第八章　實際執行家庭作業

整個下午都被家庭作業偷走了
關鍵第一步：讓孩子自己決定什麼時候想寫功課
關鍵第二步：設定「聽得見」的啟動訊號
關鍵第三步：規劃寫作業時間的架構
拜託不要出手干預！
好的架構等於成功的一半：學習計畫
孩子能夠專注多久？
中場休息的藝術
良好的專注遊戲
生理基本需求
有什麼心事嗎？
內容過於困難
內容過於簡單
邊寫功課、邊看電視？
借助於「計時員」學習「自由」
一個小時——然後就結束了！
總結：有效且迅速的做法

【導讀】

掌握學習的奧妙，從理解與信任孩子開始

諮商心理師、親子作家，曾任中學輔導教師，目前為臺灣NLP學會副理事長

陳志恆

我微笑著說：「其實，這是個假議題。」

她有些錯愕，我接著說明：這些問題的背後，往往藏著孩子說不出口的心聲：

「我覺得我學不來了……」

「我是不是很笨？怎麼都跟不上？」

「讀書好累，我真的撐不下去了……」

當孩子拋出這些表面上的「哲學提問」，我們若急著搬出教育的價值、成績的重要性、未來的競爭力，往往會錯過真正的訊號——孩子正處於挫折、沮喪，甚至是自我懷疑的情緒中。

這時候比起說理，更重要的是「聽見」。若我們只想說服孩子學習的好處，而沒

聽見孩子內心的苦與累，那麼再多的道理，也只會變成壓力。

除了說教，許多父母也會祭出獎勵與懲罰的制度，希望讓孩子「比較願意」坐下來學習，或是至少「把作業做完」。然而，在《教出自主學習的孩子》一書中，作者卡洛琳・馮・聖安吉（Caroline von St. Ange）點出：「這些方法，往往行不通。」

棍子不行，紅蘿蔔也不能用，你會問：「不這麼做，還可以怎麼辦？」

卡洛琳在書中說，當大人感到無計可施時，未必代表方法用盡，而是還沒找到真正貼近孩子內心的對話方式。

回到剛才的例子，當孩子大喊「我為什麼要讀書」時，大人真正該做的不是說服，而是靠近。靠近他的情緒，靠近他的疲憊；讓他知道你看見了，也願意陪著他。

當孩子被理解了，情緒安定下來，動力就不再只能靠推，而是從內在慢慢浮現。

在這本書中，作者說的有理：學習動機的來源不是來自壓力，而是來自「耶！」的感覺。這個「耶！」就是孩子內心的歡呼。當他克服一些困難、解出一道題目、完成一篇報告，他會因那份成就感而感到喜悅，這才是學習真正的燃料。

除了動機，讓許多家庭頭痛的，還有每天的家庭作業。

有家長無奈地說：「我又沒要求他考第一名，只希望回家作業能好好完成。但就連這點基本要求，他都做不到！」

卡洛琳在書中描繪了許多家庭的真實情境，孩子拖拖拉拉，一份功課寫了一下午還寫不完，爸媽越看越火大，忍不住碎念，最後演變成親子衝突。功課是完成了，親子關係卻滿目瘡痍。

她稱這些為「被家庭作業偷走的時光」。

第一、讓孩子自己決定什麼時候想寫功課；

第二、設定聽得見的啟動訊號；

第三、規劃寫作業時間的架構。

我相當認同，我們需要陪伴孩子建立起每日「定時研讀」的習慣，同時在寫作業或複習功課時，引導並允許孩子自行規劃時間、計劃研讀順序。

作者強調：「好的架構等於成功的一半」。

書中還提到一個常見卻容易被忽略的觀念——學習中的錯誤不應該是羞恥，而是祝福。

很多家長看到考卷上的紅叉，心就涼了半截。可是卡洛琳提醒我們，如果孩子的作業永遠全對，那代表它太簡單了；如果孩子總是考滿分，那可能是他的學習挑戰不夠。

錯誤是孩子正在學習、正在冒險、正在試著摸索世界的痕跡。與其害怕錯誤，不如陪著孩子去理解錯在哪裡、為什麼會錯、下次可以怎麼調整。

當我們把錯誤當作學習的必經之路，孩子才會不怕跌倒，也更有勇氣往前進。

讀完《教出自主學習的孩子》，你會發現這不是一本教你如何逼孩子學習的書，而是一本讓你重新看見學習本質、重拾親子關係信任的溫柔之書。

作者在字裡行間流露出的，彷彿是一位溫暖的前輩，對我們的輕聲細語：「別逼得太緊，孩子需要你的理解；別急著否定，先看看他的世界。」

或許我們每個人在為人父母之初，都曾暗自發誓要做孩子的朋友，要給他滿滿的安全感。然而現實中，繁忙的工作與環境中的競爭，常讓我們不自覺地皺起眉頭，拉高音量。同時，開始把孩子的成績當做自己的業績，把對孩子的關愛轉換成一種心理壓力。

這段路上不僅需要孩子的努力，也需要父母的溫柔引領，更需要我們一起放下對

「結果」的執念，回到「關係」與「信任」的起點。

學習的真正意義不是為了考第一、不是為了贏過別人，而是為了讓孩子成為更好的自己。掌握這份「學習的奧妙」之處，你就能成為孩子學習路上的最佳陪跑員。

介紹大魔王

許多人第一次得知到我的職業為「學習教練」時，大概會想說：「老天啊，我們還需要什麼？學習教練！以前我們只要去上學、寫功課就好了，一切都沒有問題。現在的孩子竟然還需要『教練』來教他們學習？」

有趣的是，這些人在遇上他們的「大魔王」之後，就會改變想法了。我用「大魔王」來戲稱那些「就只是去上個學」、「就只是好好寫個功課」都不願意的孩子；那些生氣、說謊、尖叫、口出粗話、把筆亂丟，然後逃避任何跟學校有關的事的孩子；那些難以跟上學校進度，或是覺得坐在那裡很無聊、一直擾亂課堂、拒絕接受「今天就是必須學習這些教材」的孩子；那些一直拖延作業，或是只做到勉強及格程度的孩子；那些需要其他學習方法的孩子。

這些孩子的數量多得驚人，我們必須採用其他方式來面對他們，而學習教練所傳播的正是這些「其他」方式。這能為孩子帶來大量的助益，他們於短時間內所呈現的進步幅度也經常讓老師與家長大感驚訝。我能向所有的家長、老師——當然，最重要的是孩子本身——保證，我們不用做出過多的努力，便能達成這項目標，而且趣味多多。

如今，我們的孩子是一個全新的世代。他們所獲得的教養方式允許他們自己決定「今天想穿黃色或紅色的毛衣呢？」；他們被教育、知道自己擁有身體的自主權，「不一定要親馬丁叔叔」；而且他們在餐桌上擁有話語權，「如果不餓了，不一定要把食物吃完」。暴力、紀律嚴謹的威權式親職教養已經漸漸地退流行了。同時，主張民主的家庭模式持續增加，家中所有人的需求皆受獲重視。我很支持這項改變，也深信這是正確的做法。以尊重的態度對待孩子、允許孩子在符合年齡的責任範圍內做出選擇、重視孩子的界線……我覺得這樣很好。與此同時，這種教養方式能夠創造出具備個性與自主力的小朋友。

接著，這些小朋友六歲開始上學。學校的運作方式依然與幾十年前的情況一模一樣：「這是教材、我是老師，你今天、現在就必須學習這個和那個。我們三個星期後會有考試，如果你到時候還是不會的話，分數就會不及格。然後，今天下午要寫第六十七頁的第三題和第四題，請整齊地寫在紅色作業簿裡。」

我們能夠理解這種威權式的教學，因為我們全都經歷過一樣的方式，也認為學校只能以這種方式運作。要不然人們還能怎麼學習呢？還有什麼其他評量表現的方法嗎？對許多孩子而言，這種體制依然適用，但在「大魔王」小朋友身上卻不然。大魔王具備自主力與強烈的意志力、對事物保持懷疑態度、習慣做決定，而且想要瞭解任務指示背後的理由。他們不是因為有人叫他們學習才學習的，而是因為他們理解自己為什麼必須學習某樣東西。他們想要「意義」，或是大人世界裡所說的「目的」；他們想要真正的動機，好比在五年級生物課堂上被要求學習羅馬蝸牛的器官構造時，他們會合情合理地發問：「為什麼？這跟我有什麼關係？」

我們必須採取不同的方式來面對這些孩子。我每天都會收到上百封來信，其中大概有四十封會說：「親愛的卡洛琳，你可以幫幫我嗎？我已經不知道該怎麼辦了。我的兒子／女兒就是不想要學習閱讀／寫字／算數學，我們真的已經嘗試了所有的辦法，但只要講到學校，就只會引發爭吵和哭鬧。回家功課摧毀了我們家的和平，我再也不知道該怎麼做才好了。」

這些家長所抱怨的內容——很不幸地——都是真的。不過，其中有一點倒不是——他們並「沒有」嘗試過所有辦法。事實上，我們還有一大堆事情可以嘗試，而且它們可以帶來出乎意料的正向改變。我本身在特殊教育學校擔任教練時，便經常經歷這種情況，而這本書要討論的就是這些正向改變。

好消息是，即使是「好」孩子——我稱他們為處於「成功者模式」的孩子——都能從這些方法中受惠。像是那些樂意配合的孩子，或是那些早就已經搞懂教材內容、卻仍願意多寫三張學習單的孩子，他們也會從中獲得更多學習動機、樂趣，並進一步達成更高成就。他們會知道**為什麼**他們（必須）做這些事，並能在離開學校之後，能以不同視野觀看自己與世界。

我們必須讓孩子準備好迎接二十一世紀的挑戰。十八年之後的職場究竟是什麼模樣，非常難說。因此，最好的辦法是將孩子養育成具備創意與批判能力的思考家、懂得溝通與自學的個體，遇到挑戰時不會羞怯、退縮。

而這種新興的學習方式究竟如何在所有孩子身上發揮效用，正是這本書將會探討的主題。

第一章
讓孩子在成長型思維模式中長大

「我——不——會——！」

我常常聽到我的學生在寫功課時這樣高喊，然後我就會喊回去：「你——還——不——會——！」這個情境我已經經歷過上千次了，而這個小小的交流之中蘊藏著大大的學問，那就是決定學習經驗的兩種態度，以及它們之間的差異。

這些態度或自我意象，在英文中稱為「mindset」（思維模式），描述了我們對於自己與事物的基本態度，其中也包含了人生與學習這兩件事。任職於史丹佛大學（Standford University）的心理學家卡蘿．杜維克（Carol Dweck）教授發現，當人們遇上挑戰與學習新事物時，會有兩種不同的思維模式。當初，她將一份難度稍微超出程度的任務指派給一群學生，因此得出這個想法。

當她問孩子對於任務的感想時，意外收到各式各樣、互不相同的回應。有些孩子說「很有挑戰性、很好玩」或「至少我學到一些新東西了」，有些孩子則表示「太難了，我不會」或「我不擅長這項任務」。

對於挑戰的不同態度讓杜維克深深著迷，並因此將自己的整個學術生涯都投注於這種現象的研究之中。在超過三十年的研究之後，「思維模式」概念的發展如今已然成熟。由於她的研究發現為正在就學、學習的所有孩子帶來了開創性的影響，不論是這本書或是我本身的工作中，都有許多關於她的討論。

不過，先讓我們來瞭解一下她的理論吧。

固定型思維模式

杜維克發現有兩種思維模式：**成長型**（Growth Mindset）與**固定型**（Fixed Mindset）。如果將這兩個術語翻成德文，聽起來稍顯尷尬，我沒有辦法接受，所以我自己和其他許多同事都繼續沿用英文原文。而這項討論的核心在於：人們在面對挑戰與失敗時，會呈現出不同反應，也就是這兩者之一。

擁有固定型思維模式的人會說「我不擅長這項任務」之類的話，通常終其一生都會堅信著這個想法。他們認為，自己的能力是確立、固定且無法改變的。你想必仍記得自己的某位同學就抱持著這種思維模式吧？或許你自己也是一個例子？

舉例來說，在學校考完數學考試之後，有一位這種類型的孩子無比絕望地哭喊著說：「我徹底搞砸了！」一直等到幾天後拿到成績「A」或「A+」，才總算鬆了一口氣。像這樣缺乏如實評估自身程度與表現的能力，以及對於失敗過分恐懼的反應，皆為固定型思維模式的典型表現。

除此之外，擁有固定型思維模式的人往往也是比較大王。只要他們踏入一個空間，便會立刻試著融入。當他們注意到自己是「空間內最聰明的人」時，他們就能鬆一口氣了。但他們無法放鬆太久，因為害怕其他人冒出來、「拆穿他們的面具」、在他們眼前攤開「他們什麼都不會」的那份恐懼永遠存在。而他們最擔心的事，就是有人在他們的長項上比他們更加優秀。

成長型思維模式

相較之下，擁有成長型思維模式的人會說：「我喜歡學習新的東西。」對他們而言，「你做不到！」會讓他們有被挑戰的感覺。例如我哥哥，他是一個超過五十歲的成年男子，已婚、育有四個孩子，但如果有人跟他說：「我賭你無法游到對岸！」他肯定會馬上扒光衣服、跳入水中，然後一直游到他終於證明自己做得到為止。

套用到學習上，具備成長型思維模式的人在遇上成績不好、學習困境等情況時，會加倍努力。他們不會接受失敗，而是一直努力到成功才罷休。

另外還有一點跟固定型思維模式的人不同：他們相當擅於準確評估自身能力。每當考完試之後，他們總能精確地說出自己表現得好不好。

擁有成長型思維模式的人也比較不會拿自己跟別人比較，而是傾向與自己比較。他們對於自己的成就也會比較自豪，並且比較不容易放棄。

注意，在理解圖示與這裡所描述的普遍現象時，務必記得這兩顆頭所呈現的是光譜上的兩個極端。很少人的思維模式**只**屬於成長型或**只**屬於固定型；多數人的思維模式都介於兩個極端之間。我們的思維模式也取決於我們所處的環境、身邊的人，以及

卡蘿・杜維克的成長型與固定型思維模式理論

固定型思維模式：

失敗表示我的能力極限。
我擅長或不擅長某事。
我的能力已經注定，不管怎樣都不會改變。
我不喜歡挑戰。
我會或不會做某事。
我的潛力已然由能力與智力注定。
當我感到挫折時，我就放棄。
我覺得回饋與評論是在針對我本人。
我只做自己會做的事。

自己當天的感受。

在杜維克的研究中，足以改寫歷史的發現是：擁有成長型思維模式的孩子，不論是在學校或後續人生歷程中，皆比擁有固定型思維模式的孩子來得成功。某種程度上來說，他們的態度甚至可說是**成功的關鍵**。不過，更重要的是：我們能夠**改變**孩子的思維模式。

身為家長與老師的我們，是有辦法改變孩子的思維模式的！這可不是一個天大的好消息嗎？為什麼晚間八點的重點新聞沒有報導呢？坦白說，我個人覺得這是一件相當重要的事啦。

改變思維模式

想要改變思維模式有幾種不同的可能方法，我稍後會進一步討論。這在成人身上會比較難辦到，因為他們的思維模式已經在多年的歲月中確立了。雖說如此，想要改變成人的思維模式仍是有可能的。我誠摯邀請各位家長與老師一起在自己的思維模式下功夫，因為——你可能已經猜到了——在我們想要加強孩子的成長型思維模式的過

成長型思維模式：

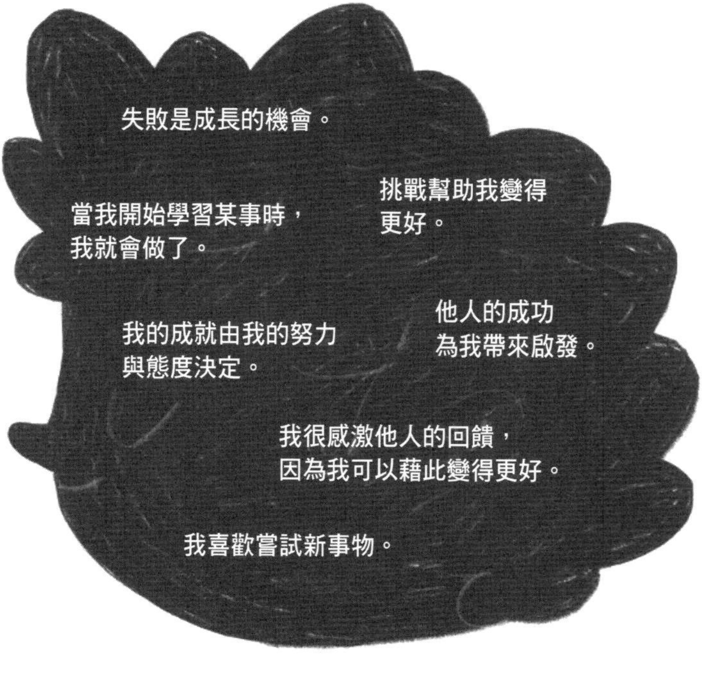
失敗是成長的機會。
挑戰幫助我變得更好。
當我開始學習某事時，我就會做了。
他人的成功為我帶來啟發。
我的成就由我的努力與態度決定。
我很感激他人的回饋，因為我可以藉此變得更好。
我喜歡嘗試新事物。

固定型思維模式	成長型思維模式
能力與智力基本上早已注定，無法或很難改變。	能力與智力基本上能夠持續發展且改變。
成功的定義是獲得好成績，或者成為最優秀的人；結果才算數。	成功的定義是學習如何對某事有更好的理解。
錯誤等同於能力不足；犯錯之後，動機下降。	錯誤被視為進步的機會；犯錯激發了進步的動機與意願。

程中，我們自身的思維模式，以及與之連結的行為榜樣，正是影響成功與否的關鍵因素。

有趣的是，即使我們本身具備成長型思維模式，是不夠的——杜維克失望地發現，家長並不會自動地將思維模式傳遞給自己的孩子。

不過，仔細想想會發現，我們幾乎總是以成長型思維模式的做法來養育幼童的啊。當孩子開始學會走路時，我們會為他們加油歡呼；當他們跌倒時，我們會鼓掌、鼓勵他們繼續嘗試。孩子藉由每一次的跌倒獲得學習，最後某天便學會走路了。沒有人曾經想過要對自己的孩子說：「你就是這麼聰明，才能這麼快地學會走路。走路對你來說簡直輕而易舉。」不，我們預設孩子終將學會如何走路，所以不會因為失敗就灰心喪志，而是鼓勵孩子繼續努力就對了。

但在之後的某個時間點，我們就丟失這種思維模式了。這通常發生在孩子開始上學之後，當孩子所有東西都寫錯，我們開始擔心：他們是不是不夠聰明？我都已經解釋三次了，怎麼還是不會呢？為什麼又錯了呢？當孩子在學習走路或吃飯時，我們從來不會問自己這些問題。

身為家長的我們，應該怎麼做呢？我們應該秉持一樣的態度來面對學齡的孩子——跌倒不是壞事，他們很快就能成功辦到的。

這裡必須強調一個重點：成長型思維模式並不是什麼神奇小藥丸，它只是一種態度，而且是很重要的態度，因為它不但能夠幫助我們，更能幫助你的孩子……

I. 開始學習新事物，並迎向挑戰。因為在他們心底的準則就是：如果我想要，我就可以學會。

II. 不輕言放棄。當我們犯錯、失敗時，腦袋會嗡嗡作響、一切就是行不通，而這時，我們腦中會浮出一幅景象：我們的突觸正在成長。

III. 採取行動。當然沒有光憑著成長型思維模式就能學會新事物，重點反而在於如何使用成長型思維模式去建立必要的動機，並藉此採取實際行動。

成長型思維模式幫助我們踏出第一步。

而它也幫助我們持續堅持不懈。

因此，根據我們的理解，成長型思維模式優於固定型思維模式，而且光是改變我們的思維模式，不論智力本質或教學方法為何，都能夠在讓孩子在學術表現上呈現顯著的進步。這裡分享一項實用的觀察：在美國，這個概念已經廣為盛行，許多學校皆投身強化孩子的成長型思維模式，而相較於其他尚未將推廣此思維模式設為目標的課程或學校，前者於能力測驗中的表現，僅在短短時間內，便超越後者。

德國在這一方面仍落後好幾十年的腳步。我利用自己的 Instagram 平台（現已超過十五萬名追蹤者）進行一項調查，發現在所有回應的老師當中，有超過百分之八十的人從未聽過成長型思維模式。所以，如果你家孩子的老師沒有以鼓勵成長型思維模式的方式進行教育，那也有跡可循。但這並不是什麼高深莫測的學問，反而相反。以下，我舉出一些可以在教室內推廣成長型思維模式的例子：

- 緩慢但穩定地增加內容難度，給予成長進步的空間。
- 透過換句話說、提供協助、給予時間等方式引導出正確答案。

- 將成果歸功於勤奮與努力（例如：「思考地周密喔！」、「很細心！」）
- 唯當孩子確實付出努力，才加以稱讚（孩子沒有付出努力便達成的事不必特別強調）。
- 將成果歸咎於努力不足，絕不能歸咎於智力（例如：「你可以做得更好，我知道你可以再更努力。」而非「數學不是你的強項。」）
- 中立地表示孩子還能做得更多，切勿批判。
- 不斷地重申，身為老師的我們，相信學生可以給出正確答案。
- 稱讚內容應與過程相關，而非與成果相關（重點不在於成績，而是學習過程）。
- 強調下一步（例如：「現在我們站在這裡，接下來要往那裡繼續前進。」）
- 「仍／還」，例如：「你『**還**』不會！」
- 「已經」，例如：「那個你『**已經**』學過了，現在我們『**還**』必須加強這個。」
- 使用「大腦是一種肌肉」的比喻（詳見下文）。

這些做法不只對於老師的教育工作有所助益，也能為身為家長的讀者提供指引。

舉例來說，在家庭作業方面，或是你家孩子必須讀書、準備考試等情境，當然，最理想的狀況是，老師可以更加著墨於這個思維模式的概念。但在這個層次尚未成熟之前，你本身也還是能夠大力地鼓勵、強化自家孩子的成長型思維模式。

好比說，你可以運用「仍／還」這個詞彙的力量，為「媽媽，我就是不會做嘛！」與「你只是**『還』**不會做啦！」做出關鍵性的區分。鼓勵你的孩子朝著成長型思維模式邁進，每天只要多踏出一小步就好。

具備成長型思維模式的孩子，不會想說：「現在不准犯任何錯。」反而傾向於：「我總有辦法解決的！」他們不會想：「我就是不會做。」而是知道說：「當我真的付出努力，我就能辦到了。」

將成長型思維模式傳授給你的孩子，幾乎可說是你能給予他們最好的禮物。可惜的是，在現今學校的運作中，主要（仍然）是那些「馬上就會能將某事做好」的孩子獲得讚賞、享有成就感，而不是那些特別付出努力之後才成功的孩子。犯錯所導向的結果是處於劣勢、成績差勁，因此孩子理當會害怕犯錯。感覺學校的目標幾乎根本就是想摧毀成長型思維模式似的。

當孩子時常因為成績不好而自我懷疑或哭泣，以下這項練習會有所幫助。

使學習成就「看得見」

如果想要強化成長型思維模式，數一數二重要的方法是：使學習成就變得「看得見」。以下是一個「看得見」且能夠讓人最容易理解的例子：

先拿一捲廁用衛生紙和一支原子筆，大家（最好是全家人）一起坐下，並在每一張衛生紙上寫下一件難以學習、但孩子已經成功學會的事情，好比走路、騎腳踏車、使用餐具吃飯、綁鞋帶、算數、背誦字母、閱讀、爬樹、盪鞦韆等。直到整捲衛生紙都寫完了（你可以把字寫得很大），練習才算完成。對，一整捲很多，沒錯，但特別在這個例子中，愈多愈好。

接著，我會把那捲衛生紙再度捲回原狀，把它放在清楚可見的地方，讓孩子明確地知道：「我已經學會這一大堆東西了，它們原本都很難，我在過程中難免會犯下許多錯誤。我常常弄不好，直到某一刻就突然成功了。所以，即使現在這個東西對我來說很困難，但我只要接受自己總會摔個幾次，然後每一次跌倒至少都會再站起來，那我總有一天很有可能會成功辦到的。」

廁用捲筒衛生紙是這項練習的最佳素材嗎？也不是啦，但我相信你家一定有吧，而我的目的只是要讓我們付出最少的力氣、獲得最多的成效。如果你想要的話，當然可以把這個練習弄得更漂亮，例如選用高級的捲筒衛生紙。不過，要能真正付諸執行才是最重要的——最好現在馬上做，或至少今天稍後一定要做。

針對缺乏自信心的孩子，還有另一個不錯的練習：只要將現正流行的「感恩罐」概念加以發揮即可。如果你還沒聽過的話，感恩罐的概念就是你每天晚上在一小張紙上寫下自己感恩的事，然後把它放入一只舊罐子內。到了年底時，你就會有一整罐讓你心懷感恩的美好回憶。

將這個概念延伸來支持成長型思維模式的話，就只要改在紙上寫下你今天所學會的事物即可。等到後來積沙成塔，孩子就不可能會再認為自己「什麼都不會」了。

另一個很棒的方法是讓某個特定主題的學習歷程變得「看得見」。

在這項練習中，我通常會將一條緞帶或粗繩拗得彎彎曲曲的、固定在軟木留言板上，類似從A點至B點的賽車道意象。接著，我會將這一個學習歷程的每一個階段各自詳細地寫在一小張便利貼上，再把它們掛到緞帶上。舉例來說，當一年級的學童在學習字母時，每一張便利貼上就會有每一個字母的大小寫寫法，再根據學校的實際教學順序加以排列。接下來，我會和孩子一起製作專屬於他們的小人偶，並用圖釘將小人偶釘在他們目前的所在位置。如此一來，孩子就會一眼看出：「哇，我是從那裡開始的，現在已經走這麼遠了呢！」

又或者，我們可以使用兩只密封罐。放在左邊罐子內的紙條中，寫著所有短期內需要學習的事物，並在罐子上貼一張「埋在土裡的小種子、或許剛冒出新芽」等貼紙。其中，每一張小紙條的內容可以包含孩子經常拼錯的困難單字，或是數學課接下來要學的新主題。每當孩子學會這些主題時，就可以將對應的小紙條放入右邊、貼著「樹木」貼紙的罐子內。依照這個步驟持續將左邊罐子內的紙條一一解決，孩子也會一週又一週地體認到：「哇，我又學會新的東西了，趕快把它放到右邊的罐子裡面！」

「英雄」研究

這個練習是杜維克每次在第一堂課時，都會跟學生一起進行的。首先，她請學生各自挑選一位英雄——也就是他們欣賞的明星——他們已經有一番宏偉的成就可作為學生的榜樣。接著，她請學生提供一些關於這個對象的背景假設，例如：「愛黛兒（Adele）天生擁有一副獨特的嗓音，因為她的歌喉如此特別，她當然會成為世界知名的歌手。」隨後，學生必須針對這個對象的生平與事業進行研究，以驗證自己的假設是否正確。他們究竟是如何成為如今大家看見的模樣的呢？

在每一個例子中，學生都會發現，他們的每一位英雄都擁有熱情與才華，但更重要的是，這些英雄都展現出堅持不懈的精神、不會因為失敗而止步、奮鬥了很長一段時間、撐過低潮，並在某一時刻抵達我們今天所看見、所仰慕的這一步。

我很喜歡跟青少年一起做這個練習。我會在課堂中請他們挑選一個人物，並向同學介紹這位人物的生涯。如此一來，練習結束之後，我們就會得到許多不同故事，能在我們不順遂時給予我們力量。

除此之外，我推薦家長可以跟孩子一起觀看明星們的紀錄片。其中有一些很棒的故事，好比羅納度（Cristiano Ronaldo）和麥可．喬丹（Michael Jordan），他們的成功皆百分之百源自於他們的毅力與堅持。當然啦，成功的因素也包括了運作良好的教育體系的支持，以及能夠提供充分支持的環境。

換句話說，問題不在於一個人是否擁有天賦。許多從未做出任何成就的人，其實與生俱來也都才智雙全。我甚至很同意腦科學研究員葛拉德．胥特（Gerald Hüther）所說的：「每個孩子都是天才。」他們都有自己天才的方式，但問題是身為家長和老師的我們，該如何運用這份天賦呢？當我們幫助孩子發揚這份天賦時，他們會有什麼意見嗎？

不要對孩子說「好聰明」！

一九九〇年代曾有一股大規模的運動，試圖透過「你好聰明！」、「你好棒！」、「你好完美！」等話語來提升孩子的自信心。

這個運動背後的概念認為這種做法能夠使孩子發展出更高度的自信，想法源自於人們的反向發現：告訴孩子他們很笨、很懶會造成反效果。這麼說吧，就運動本身，這種發展是好的，依此執行的家長也都立意良好。

直到杜維克的思維模式研究出現以前，鮮少人意識到這種「稱讚智力」的做法其實也帶有負面效果。

根據杜維克的說法，當你稱某人聰明時，你就像把對方放到展示座台上似的。而從某一刻起，這個孩子的一生就開始圍繞著「好好待在座台上」的想法轉。我們總會想要維持住別人對我們的良好印象嘛，於是，我們不斷地讓自己的世界變窄，並為了待在那小小的座台上，而避免踏入新的領域，也就是原先未知的境地。我們待在自己感到安全的地方，不必害怕會犯錯。但如果你想要成長、做出實際上的進步，就必須犯錯。這就好像我們有一棵岔著無限分枝的樹，有許許多多不同的攀爬路徑，但被稱讚聰明的孩子，就只會扒著那根讓他們感到安全的樹枝，不敢嘗試去爬其他枝枒。

讓我們來試想一個情境：有一個孩子開始上小學一年級，學習閱讀對他而言相當輕鬆。事實上，他在還沒上學之前就已經學會閱讀了，現在他的程度超出平均。那麼，我們會對這個孩子說什麼呢?「你真的好聰明喔，已經可以讀得這麼快了！」在孩子耳裡聽到的會是什麼?他聽到了這句話內部隱藏的訊息：「啊哈！如果我可以不用付出太多力氣，就能很快地做到某事的話，代表我很聰明。意思就是說，如果我必須跟其他孩子一樣努力的話，我就不聰明了。」而這就情有可原地導向一個致命的結果：鼓勵了錯誤的思維模式，也就是固定型思維模式。於是，這個孩子終將發展出對於新事物的恐懼，亦即學習樂趣、好奇心與拓展能力的相反詞。

在低年級如魚得水的同一個孩子，到了六年級時可能會突然無法順利搞懂分數運算。原則上，他擁有足夠的智能、夠高的智商來學會分數運算。可是，他那強勢的固定型思維模式使他無法真正投入相關主題的複雜性，也使他逃避練習、犯錯、從錯誤中學習、並再次嘗試。因為，這個過去總因速度、完美獲得稱讚的孩子，如今感到失望、挫敗，相信著：「如果我無法馬上理解的話，代表我就是不擅長這件事。」

許多孩子在小學、中學階段覺得一切都超級簡單，但上大學之後卻猛地迎來一記當頭棒喝。學習的份量突然變得非常龐大、內容變得無比複雜，即使擁有一顆最聰明的腦袋也不夠用了，你就是必須努力讀書、耗時且費力地理解難題才行。在這些「聰明小孩」當中，不少人因此陷於存在危機、落入倦怠狀態，或者成為嚴重的拖延症患者，純粹因為他們從來不知道，人在面對新事物會感到疲累其實是非常正常的事。他們不清楚這正是他們可以真正進步的時機，因為我們的腦力就是在感到「啊啊啊——這好複雜啊！」的時刻獲得成長的。

假如孩子在上大學之前仍無法達到那個充滿希望的境地，也不能怪他們，這是我們教育體制當中的一大缺失——很不擅長支持智商量表兩端的孩子，而是將孩子都維持在平均值上。這些孩子必須長大後才能體會到真正的學習是什麼，還有自我挑戰、失敗、一次又一次地不斷嘗試又是什麼。這是多麼可惜啊，如果他們在成長過程中能遇到老師對他們說：「全都答對了。對不起喔，我給你們的作業太簡單了。換試試這個吧，這樣你的大腦才有機會成長。」誰知道他們在這些年之間可以學會多少東西呢？

但事實是，在學校裡獲得最多讚賞的通常都是那些「不用讀書，就能全部A⁺」的孩子。我自問：「這到底有什麼好讚賞的？」對這些孩子而言，那些教材顯然太簡單了啊。

在我任職過兩年的中學（柏林實科中學〔Berliner Realschule〕）裡，我的班上有一位男孩就是這種現象的經典案例，他比班上其他同學都能更快地理解內容，成績幾乎清一色都是「A」以上。因此，他是「最聰明的」學生，但這只適用於標準較低的學校情境。將他放在東柏林的這所特殊教育學校，顯然算是放錯位置了。他大可以輕鬆地完成升學型的文理中學（Gymnasium）。（我並不認為所有人都應該視升學型的高中畢業文憑為目標，只是覺得他有能力處理更複雜的知識領域。）

當我問他需不需要我幫他申請獎學金、轉學時，他拒絕了。他顯然非常懼怕丟失自己原有的地位、突然開始犯錯，並被其他跟他同樣「聰明」或甚至「更聰明」的人包圍。真的很可惜。相較於他自己的認知，他身上還帶有多少潛能啊。

不管其他人的能力為何，皆毫無關聯。關鍵是，孩子必須學會不要跟別人比較，而是跟自己比較。我們身邊是什麼人可說是全然隨機的，即使讀了課業最重、要求最高的高中，上大學之後，還是會發現自己身邊圍繞著至少跟我們才智相當的人，或甚至是——天啊——比我們更加聰明的人。多數擁有固定型思維模式的人遲早會落入這種深淵。

所以說，那些用功讀書、並因此得到「B」的人更值得獲得讚揚。又或者是在前一次考試中寫錯一百題、但這次只錯了二十題的人——他們實際上進步了五倍呢！在我們學校體制中，他們在兩次考試中都不及格，沒錯，但那是學校的問題，不是學生的。

開心地失敗、錯誤即機會

身為大人的我們，在這裡同樣肩負著榜樣的功能。我們如何面對挫折或錯誤，孩子都看在眼裡，以我們的行為作為指標。如果我們希望孩子不要在遇到輕微的阻礙或挫敗時、立刻陷入絕望的話，身為家長與老師的我們，也必須示範執行成長型思維模式。

有一個不錯的方式是：讓自己失敗。身為大人的我們，必須大聲且公開地失敗、大方承認自己的錯誤、不要將它們看得太嚴重或太認真，並向孩子展示該如何處理失敗、從錯誤中學習。甚至連日常中最微小的錯誤或困境，都可以作為示範，例如：

「可惡，我迷路了，我們已經遲到太久了。噢，不，這實在是太蠢了！我沒有專心看路，錯過出口了。天啊，煩死了。（停頓）哎呀，算了，也沒那麼糟啦。我剛剛只是在想事情，大家都會犯錯的。現在這又提醒了我，當我開一條自己不是很熟悉的路的時候，必須更加專心。我可以的。或許我該把導航開大聲一點，下次絕不會再發生一樣的事了。」

在這個例子中，我們看見四個階段：生氣、承認錯誤、客觀審視、重新導回自我效能。如果你每次有東西出錯時都使用這個方法，那麼很快地你的孩子也會開始採用這個有信心的反應，例如：「可惡，我每一題都用『負數』去算，但它們都是『正數』才對。天啊，這實在是太蠢了，現在我必須全部重做，但我真的好想出去玩喔。哎呀，算了，至少正數比較簡單。我只是上學一整天之後覺得好累，這種東西確實很容易漏看。我覺得，我下次應該要拿螢光筆、把所有所有數學符號都標起來，這樣就不會再發生一樣的事了。」事情就是這樣運作的。

這一招是我從美國心理學家貝琪．甘迺迪（Becky Kennedy）博士那裡學來的。我誠心地向各位讀者大力推薦，它真的很有效。每當你弄掉東西、遲到，或是漏掉東西而惹惱老闆，記得：先生氣、承認錯誤、客觀審視、最後再重新尋回自己的力量。

大腦是一種肌肉

不，它不是！它是！不是！好吧。這麼說好了——從純物理的角度而論，大腦當然不是一種肌肉；它是由神經組織所構成的，不是肌肉組織。

不過，對於那些需要且想要理解大腦如何運作的孩子而言，這種違反生物學定義的說法是一個非常好的類比。我們的大腦比我們所想的更像肌肉——正如肌肉在成長時一定會痛的道理，通常都是痛苦的挑戰才會讓我們的腦力獲得成長。如果我們希望肌肉變得更加強壯，只做輕鬆簡單的運動是沒有幫助的；我們需要增加重量、重複做很多組訓練。而學習也是一樣——如果我們永遠待在舒適圈內，就無法在大腦內創造出全新、強壯的連結。

大腦在另一個方面也跟肌肉很相似。我們可能已經知道關於運動、營養的一切，或甚至是最好的訓練方式。這些知識都很實用，沒錯，但我們終究必須真正去**做**才有用。學習也是一樣——看著別人做、知道小訣竅、讀很多東西確實都有幫助，但最好的學習方式就是親身實踐。

另一個很好的類比：如果我想要有健美的身材，我去健身房、只做了兩項訓練，其中一項幾乎超出我的能力範圍，那我回家後並不會覺得：「嗯……我還是有很多贅肉，所以運動毫無意義。」不會吧！我當然必須一週又一週、一個月又一個月地持續運動，然後一直挑戰自己的極限、將極限往前推進，最後有一天我就會擁有肌肉結實的身材了。我們的大腦與學習也以同樣的方式運作。我們必須一而再、再而三地處理艱難的任務，並且持續增加難度、務必投注許多時間，最後我們就可以達成了不起的成就。

提供成功經驗格外重要，尤其針對難以跟上學校進度的孩子更是如此。每當他們花了很多力氣學會一個主題時，班上同學早就已經換到下一個主題了，他們就必須再次從頭開始。如此一來，他們覺得自己什麼都不會的感受會持續存在，但事實上，他們也一直都有在學習，只是速度不同罷了。

對這些孩子而言，能有實質的成就感極為重要。老師有義務將學生加以區別，也就是提供不同難度的學習任務。可惜的是，這在現實中很少發生。如果你遇到這種情況，務必跟孩子的老師討論、一起擬定工作計畫來幫助你的孩子能夠體驗成功的感覺。有時候，老師會很感激收到這種提醒，以及家長的支持。不論是對於思維模式、學習或整體就學生涯而言，這都極為重要。

該不該稱讚？

那麼，當孩子已經成功改善了呢？當他們有所進步？我們許多人都會有衝動想稱讚孩子。前面我提到這麼做會帶來潛在問題，但請不要誤會——雖然我認為很多人做得太過火了，我反對的並不是「稱讚」這件事本身。

不過，相較於外部稱讚，當孩子全神貫注於某項自己剛成功達成的任務時，他們本身的感受來得重要許多。舉例來說，當孩子剛解開一道困難的數學題目或寫了一篇出色的論文時，我喜歡問他們：「感覺如何？」

因為孩子本身對於任務的感受，比我的評判、稱讚與想法來得重要許多。我們的目標是讓孩子憑藉著內在動機進行學習，換句話說，他們單純因為學習過程讓他們感覺很棒而發自內心地想要學習。那才是我們想要達成的境界，但我們無法透過稱讚達成這項目標，而必須不斷地將焦點放回孩子身上（我們會在第三章更深入地探討「動機」這個主題）。

學習的感覺應該要很棒？或許，由於你本身的經驗，你可能會覺得這聽起來很諷刺——我的孩子怎麼可能會覺得學習的感覺很棒？或是我的學生？雖然就現在而言，

固定型思維模式	成長型思維模式
你真的好聰明喔！	我很喜歡這個想法，你是怎麼想到的？
全對！太棒了！	零錯誤！真是太棒了。可惜這項任務沒有為你的大腦帶來成長的機會，這就好像你在體育課只做了兩下伏地挺身。對啦，你是做了，沒錯，但你的肌肉不會因此變壯。來吧，我們再找一些可以讓你的大腦成長的任務來做。
物理對你來說輕而易舉，很厲害。	看到你這麼享受物理、對物理這麼有興趣，我很高興。你的下一個目標是什麼？你接下來想要學什麼？
沒錯！非常機靈！	你想得很透徹喔！

我們可能還有很長的路要走，但那正是我們想要達到的目標。根據我自己身為教練與課後家教的所有相關經驗，學習**可以**是一件好玩的事。即使對於過去鮮少或從未在學習當中獲得樂趣的孩子，這也是有可能實現的目標。

儘管如此，我自己也還是常常會稱讚孩子啦，甚至可能有點太常稱讚了。不過，我會謹慎地採取可以鼓勵成長型思維模式的稱讚方式，看起來像是以上這樣。（如圖）

這個概念依然無法說服你嗎？不論你仍心存懷疑，或是對於不同思維模式的理論背景深感興趣，都可以在附錄中找到相關主題研究的整理綱要。

第二章

每個孩子有不同的學習方式：學習風格大解析

所有學習風格皆為綜合型

我們已經處理完關於學習的基本態度了，也就是成長型思維模式，現在我們應該來討論另一個同等重要的基礎面向：我們如何學習？孩子究竟是如何學習的呢？

想到這個主題，我們很快就會聯想到「學習風格」這個用詞。根據學習風格理論，每個人的學習方式皆互不相同，又因為每個人偏好不同的感知管道，大家各自擁有自己常用的方式。有人只需要**讀**過一個句子，就能夠理解並記得那句話；有人必須**聽**過那句話，才有辦法（更清楚地）理解；另外也有人需要透過一邊學、一邊**動**使成效更佳。

請注意：（認知）心理學認為學習風格理論是過時且未獲證實的說法，但我們還是會稍微看一下它的大綱，因為我們可以把這些模型當作出發點，來認識學習及教學方法能夠如何變化、順應每一個孩子。它們也讓我們知道，每個人的學習方式皆互不相同，但又各為典型。此外，當某一種學習方法愈適合孩子，那他們就會進步得愈多；相反地，假如教材的呈現方式不適合孩子，學習便會變得相當困難或甚至完全行不通，而這種結果與孩子的智力或紀律並不相關。

文獻中的各種學習風格模型，大致歸納出三至七種學習風格類型。所有模型各有優缺，而且通常都會聚焦於非常特定的單一面向。根據我個人經驗，釐清自家孩子究竟是哪一種類型並不太重要，因為到頭來，其實根本沒有確切的類型——大家都是綜合型的，換句話說，每個人都會沾到不同類型的一點邊。所以，你不可能找出你家孩子究竟是X型或Y型。一個孩子也不是只有採用適合自己的方法時，才有辦法學習。我必須提出這一點：所有人都可以使用各種典型的管道進行學習，包括讀、聽、寫，或是親自動手去做需要學習的內容。

除此之外，當我們透過各種管道吸收學習內容時——愈多種愈好——我們的學習成就也將達到最高境界。儘管如此，不管是我們社群中成千上萬的家長，或是我自己本身，都會根據親身經驗告訴你，一般看見的學習**傾向**就只會有幾種非常特定、甚至堪稱典型的樣貌。這的確值得我們花一些時間去認識這些傾向，如此一來，我們能將重點放在它們身上，並加以妥善運用。

我們大家都認識一些非常擅長視覺工作的人，他們熱愛圖表、圖片、動畫、心智圖或影片，能夠精熟地透過視覺理解事物之間的關聯。另外，有些人會坐下來聽一場有趣的講座，他們會很專心地聆聽，隨後記得講者所說的所有內容。可是，有些人會覺得光是用聽的，很難真正吸收這麼多東西，反倒偏好藉由閱讀學習事物。而其中，重要的一點是：這三種方法都是可以練習的，而且我們也應如此。儘管如此，我們依然要時時記得，好好運用孩子原先便與生俱來的強項。

VARK模型：視覺型學習風格

正如我前面所說的，文獻中有各種不同的學習風格模型，而在接下來的幾頁中，我們會探討的是VARK模型，因為它易懂、實用。這個模型源自尼爾·弗萊明（Neil Fleming）。另外還有其他更加複雜的模型，但VARK是一個不錯的起始點。

VARK是取自四種學習風格所組成的英文縮寫，分別是：視覺型（visual）、聽覺型

（auditory）、讀寫型（reading/writing）與動態型（kinesthetic）。在我們開始討論各個類型之前，我想要再次強調：沒有人百分之百屬於特定一種類型。

謹記這一點之後，我們先從視覺型學習者開始吧。為了達到最好的學習成效，他們希望能「看見」資訊和學習內容。具備這類學習風格的人喜歡圖片、箭頭和圖表，他們傾向很快就忘記聽過的東西，所以如果對他們發表長篇大論或同一件事「講了一百遍」，並不會有太多東西可以留存在他們的腦袋裡。他們的強項在於可以迅速地理解圖片和圖表，以及他們對顏色的感知。擬定心智圖對他們而言也很輕鬆。

他們能快速地在類似讀圖片之間辨識出細微的差異，也能在事後用視覺方式記憶一段文字——那段文字會在他們的腦海中浮現，於是他們幾乎等於可以再重讀一遍。對他們來說，理解地圖和方向相當容易。如果你的孩子符合視覺型學習風格的部分敘述，那你現在就知道可以採取以這些強項為基礎的學習策略了。

視覺型學習者應該好好運用許多顏色。不只是在他們閱讀時要用色筆畫重點，他們自己在寫東西的時候，也要用不同顏色的筆。如果他們使用不同顏色來寫不同字彙、畫很多重點、標注相對應的箭頭，那學習就會變得更加簡單。當他們替重要的詞彙或單字畫小插圖，或是使用圖示與幫助記憶的視覺記號，他們將能更快速地理解並學習這些內容。心智圖的效果尤其顯著——心智圖本身是一個超級有用的工具，市面上有大量優良的書籍專門討論這個主題。

屬於視覺型學習風格的孩子需要安靜的學習環境，因為他們很容易受到環境噪音影響而分心。當然，確保他們的視線不要落在太多會使他們分心的東西上，這一點也很重要，好比貼滿心智圖的牆面——全白的牆面比較好，這樣孩子才能專注於擺在他們眼前書桌上的視覺材料。尤其針對年紀較小的視覺型學習者，任務指示應該要特別寫下來，理想上最好再用圖片與圖示加以視覺化，例如：「請寫下這段文字！」旁邊再印上一支筆的小圖。如此簡單的視覺輔助，便能為視覺型學習者帶來大大的助益！或者寫下「與坐在旁邊的人對話！」並在旁邊加上嘴巴和隔壁同學的卡通插畫，這對孩子幫助很大，因此許多老師現在皆以這種方式設計學習單。

針對年紀較大的視覺型學習型孩子，讓他們自己利用學習內容製作影片與圖片是一個好方法。舉生物作業為例，他們可以把一篇論文製作成一段解說型短片。其中，先將手機水平架設起來，下方置放一張白紙，接著將一個又一個相關的物品擺到白紙上，直到拼湊出一幅完整的畫面為止。市面上也有製作這類短片的應用程式。假如孩子自己已經先為這類影片製作心智圖了，那勢必把它掛在某個地方，但記得，正如前面所提到的，不要掛在實際工作的區域內，而是其他像是鏡子、廁所門或衣櫃門等位置。

聽覺型學習風格

相較於讀或看，傾向這種風格的學習者偏好「聽見」資訊。這些人後來通常都會喜歡聽播客（Podcast）。聽覺型的人不只喜歡聽，也喜歡說，所以傳統的學校課程對他們而言很簡單——他們在課堂上可以好好地聽、藉由聽課吸收大量內容，也能於口頭上做出許多貢獻、大放異彩，因此深受老師喜愛。他們能夠輕鬆、迅速地理解口頭上的任務指示，例如當老師說：「現在請把課本翻到二十七頁！」即使沒有寫在白板上，這些聽覺型學習者依然能夠毫無障礙地理解指示內容，因為他們幾乎可以在腦中重新播放一遍：「老師剛才說什麼呢？」

他們的強項在於跟其他人對話、快速理解口頭指示，並且擅長記憶藉由口頭表達的內容。他們喜歡討論、甚至純粹只是聊一些他們仍一竅不通的事物，因為他們喜歡透過講話進行學習。正如英國作家E・M・佛斯特（Edward Forster）曾說的：「在我仍未聽見自己說了什麼之前，我怎麼會知道我在想什麼呢？」聽覺型的人喜歡上台報告與講座式課程，所以他們通常都是好學生。

以下方法能夠幫助聽覺型學習者學得更好、更快、更開心：將文字內容大聲唸出來以更清楚、更快速地理解，或是即使採用了教學圖卡，也能同時以唸誦方式進行小考。

聽覺型學習者喜歡在小組內共同討論學習內容，並能從中學習良多。親自複誦內容可以讓他們輕鬆、快速地學習新事物。因此，舉例來說，奶奶可以坐在孫子、孫女旁邊，讓小朋友自己解釋地理書刊的內容——值得一試！

聽覺型學習者可以自己創造有聲書，或是運用手機的語音備忘錄將學習內容錄製下來，並重複播放、聆聽。

至於聽覺型學習者的學習環境，應該將會造成干擾的噪音將至最低限度。此外，寧靜、提升專注力的音樂也常被證實十分有效。我的專注力播放清單（可以在Spotify搜尋我的名字）便已為成千上萬名家長與老師帶來很棒的經驗；我每天都會收到一些熱情的家長或老師來信，說他們的孩子在使用我推薦的寧靜音樂之後，學習成效前所未有地出色。

有些孩子想要一邊做功課、一邊聽有聲書，但我一般會建議不要。這種一心多用的狀態已獲證實效果並不佳（即使感覺好像不錯），因為大腦會試圖理解播放內容、跟上故事走向，尤其碰到不熟悉的主題時更是如此。在這種情況下，專注力便會無以避免地受到干擾，每次都必須花上一些時間再重新將注意力轉回真正的任務上。

還有像是有人在背景說話或講手機，也勢必會造成干擾，因為聽覺型學習者一定會聽見，並被動吸收噪音。

讀寫型學習風格

讓具備這種學習風格取向的人學習成效最佳的做法是——注意囉——將內容讀過或寫下來！他們對於文字及其背景特別情有獨鍾，而學校教育對他們而言相對簡單，因為目前的學校體制尤其著重於閱讀與書寫。

因此，他們的強項包括：建立清單、將單字與詞彙整理並建構成表格、理解標題，以及尋找核心概念等。他們具備大量的主動與被動字彙（主動指的是口說時所使用的字彙，被動則是我們能夠理解的字彙）。屬於讀寫型學習風格的人擅長記憶讀過或寫過的內容，他們喜歡看書、喜歡寫信，而且通常能夠以書寫的方式好好地表達自己。

對他們有幫助的學習策略包括：為所有東西做筆記，即使只是在頁邊空白處也算（如果你已經在這本書中連續好幾頁的空白處寫筆記了，那你大概傾向於這類學習風格）。此外，在閱讀時手中隨時握著一支筆，這樣就可以在內文中或文字旁標注筆記，又或者一邊閱讀、一邊用螢光筆劃重點也行。

讀寫型學習者在看影片時，應該開啟字幕——雖然他們可能早就已經在沒有意識到的情況下這麼做了，因為他們覺得這樣才能從影片中獲得更多東西。針對這一類型的學習者其實有一個終極的學習方法：**小抄方法**。

它是這麼運作的：我拿一張A4空白紙，可能將某次考試所須的內容由上而下全部寫下來，接著拿出一張A5空白紙，將它擺在第一張紙旁邊，開始第二個步驟——將內容濃縮、精簡至塞得下第二張較小的紙上。此時，多虧了第一張小抄，我可以將一些已經記在腦中的東西拿掉了。然後，依此類推，一步一步來。

接下來，我拿出一張A6空白紙（名信片大小），重複執行精簡的程序。再來是A7空白紙……我知道有一些孩子最後可以寫到郵票大小的小抄，然後他們會把它放在鉛筆盒裡，那可以為他們帶來一股無以倫比的安全感。不過，讓人感覺很棒的並不是小抄本身，而是因為知道自己透過這個逐漸精簡學習內容的過程當中，學會記得了這些東西。以這種方式建立小抄的人，其實根本已經不再需要小抄。他們不用偷看就已經知道所有答案了，因為他們藉由不斷地重複抄寫、將內容濃縮至愈來愈小張的紙上，反而將所有內容都學會了。

附注：

允許小抄！

我覺得學校禁止小抄是一件很可惜的事。除了單字、不規則動詞等內容，這種愚蠢的背誦到底有什麼意義？這種做法長期來看根本毫無作用，反正在下次考試完之後，學生基本上都會將大部分的內容忘光光吧。

相較之下，能夠有創意地做事、批判地思考、融會貫通地理解內容，來得重要許多。到頭來，我們活在資訊時代裡耶！任何我們需要的資訊都可以快速地在某個地方找到。即使過去大家確實都是透過背誦的方式學習，但如今已經沒有任何理由去死背那些終究會忘記、而且可以馬上在網路上找到的東西了。

如果我們可以脫離這一點，並跟孩子說：「你可以放心地寫小抄。」那會很棒。這樣一來，考試裡的問題也會變得有趣許多，因為我不必要求孩子一味地死背他們已經紮實學會的東西。那我就可以跟他們說：「你可以翻查公式、數值、年份，但更重要的是，你把它們的意義和脈絡都搞懂了嗎？」這種方式的考試會讓很多學生安心許多。如果他們知道「假如我記不得，我只要去查出答案就好了！」的話，也能夠幫助他們提高專注力，更別提能夠大幅降低惱人的考試壓力了（另見第十二章〈考試焦慮〉）。

事實上，任何可以被塞進小抄內的東西都不值得（死背）學習（除了一些基礎知識，取決於孩子的年齡與知識等級）。相較之下，「能力」才是值得學習的東西，但我們無法把它們寫在小抄上，只能培養、建立。這只是我的個人意見啦——好啦，也不盡然如此！我在這一個立場中並不孤單。即使在目前依然禁止小抄的時代裡，我也觀察到愈來愈多老師允許孩子在課堂考試中帶小抄。大學裡也有所謂的「開書考」（Open-Book），就像字面上的意思，學生可以大方地將教科書攤在桌上。但直到「完全普通」的學校終於走到這一步之前，「小抄方法」

對於準備小考、大考，或是更廣泛地習得新知、精通內容而言，都是非常有用的工具，在學習風格偏向於讀寫型的孩子身上尤其如此。

動覺型學習風格

這些孩子需要物理動作與整合型觸覺（haptische Empfindungen）才能達到更好的學習效果。這裡的重點在於領悟字詞最真實的含義。傳統的學校學習環境涉及大量的「聽」與「坐好」，說好聽一點，這對他們而言仍算是一大挑戰。動覺型的孩子通常能透過嘗試新事物、親身動手體驗的方式非常迅速地學習，而且學會以後便再也不會忘記。舉例來說，如果他們能夠親自做實驗，便能將化學反應學得最好。

傾向於動覺型的孩子擁有極佳的身體記憶，因此擅長運動及親自動手的活動。他們能透過專案任務達到最佳的學習效果，而跨領域的專案也很棒，他們喜歡多樣化的任務，這樣類型的孩子經常活力充沛，並需要許多變化，否則他們很快就會感到無聊、注意力消散一空。

有鑑於此，對這種取向的孩子最有幫助的學習策略是：將坐下讀書的時間明確地切成短短的一小段、一小段，中間插入同樣劃分明確的休息活動時間。如果允許他們在讀書時可以翹椅子、走動、做動作、製造小噪音，或甚至嚼口香糖（這也是一種動作），都能為他們帶來好處。例如我也推薦在一般椅子鋪上凝膠健康坐墊，可以在孩子坐著的時候提供必要且有助益的動作空間。

附注：

適當的座位

適當的座位是一個很重要的主題，所以想要在這邊插入附注。我會推薦凝膠健康坐墊，因為我個人不太喜歡抗力球或健身球，它們確實會鼓勵你做動作，但根據我的經驗——動作太多了，會阻礙孩子的學習專注力。此外，除非你有超人的精力，不然在長時間坐抗力球的情境下，根本無法維持對背部毫無傷害的坐姿。所以，我才覺得這些表面有突起設計（向上突起）的圓形搖晃凳是理想的座椅。它們可以提供孩子於思考時所需的活動量。

另一個好方法是將健身彈力帶綁在一般椅子的兩支前腳上，這樣一來，孩子就可以把腿伸入彈力帶中間、將它往前或往後踢，藉此消耗想要動來動去的衝動。或者，讓孩子雙腳踩入未充飽氣的小型健身球、盡情地踩踩它，這也能達到相同的目的——當下方有足夠的活動時，上方就能靜心地讀書、學習了。

所謂的「桌下自行車」也是一個不錯的替代方案。它基本上是一對腳踏板，只差沒有輪胎；它將腳踏板裝置於桌子下方，可以讓孩子進行踩踏運動。市面上能找到很簡單的桌下腳踏車，也有高度複雜的設計，後者的配備基本上正如現代健身單車機器。我有一位老師朋友，她就在教室內放了一輛簡單、漂亮的桌下自行車。每當孩子注意到自己再也坐不住了，他們可以去坐那輛自行車，一邊踩腳踏板、一邊安靜地完成作業，而不被認定為「躁動不安」，而且他們能夠表現得很好，因為他們獲允時不時動來動去。

動覺型的孩子很容易分心，所以最好為他們營造少有刺激物的學習環境。不管出於什麼因素就是無法減少家中或孩子房間內的刺激物的話，那麼讓孩子在做功課或進行學習活動時戴上帽子，對一些孩子而言相當有效——這個做法能在孩子的頭部周圍訂下明確的實體界線，同時能夠在某種程度上隔絕掉外在環境的干擾。有些人會使用耳塞或降噪耳機（有些教室多虧了老師的帶動，已經開始看得見這些工具的蹤影了）。因此，當你在酷夏時節撞見孩子在課堂上戴帽子，可能不是出於時尚考量，而與學習風格相關。

或者，你可以建立一間所謂的「讀書辦公室」，通常就是在孩子的書桌周圍架設厚紙板、屏風或隔板，它們也能將孩子與充滿干擾的環境隔絕開來，並幫助他們專注。以上這些祕訣絕對都值得一試。

由於專注於動作的孩子相對缺乏聽覺感知，他們就是某些氣餒的家長口中那種「必須向他們解釋三遍」的孩子——他們仍不清楚自家孩子最擅長的學習方式。如果不必「所有事都解釋三遍」、不斷地口頭訓誡，那自然對大家來說都比較好，更有效率也更輕鬆。例如你可以為他們示範數學四則運算三大法則（即交換律、結合律與分配律）的其中一項或其他作業內容該怎麼做，接著再讓他們模仿。其中，合理的做法是從簡單的入門層級開始，隨後一步一步提升難度。

這些孩子透過動手做學習新知——那就讓他們做吧！如果你能夠辨認出孩子的學

習行為、將它歸類、接受它，並盡可能地依照孩子與生俱來的學習風格替他們安排學習方式，那一切都將變得輕鬆許多。

面對動覺型孩子時，你可以在家裡試用看看不同的房間。為什麼孩子不能在浴室地板、餐桌下或廚房料理台上寫功課呢？因為它們「不是正確的地方」？誰說的？為什麼？坦白說，你就（讓他們）試試看嘛！孩子如果想的話，甚至可以站著寫、躺著寫，或邊走邊寫。由於動覺型的人相當重視觸覺經驗，當我們在學習內容中搭配黏土、樂高積木、蒙特梭利（Montessori）教材（詳見後文）等材料，尤其是在小學階段，孩子的學習效果將會十分卓越。

保持彈性！

我個人絕對會給每一種學習方式二至三次慎重的機會，然後再誠實地衡量它們是否適合你的孩子。此外，保持彈性！因為學習傾向和偏好自然不會一輩子都維持不變，而且也不是由基因繼承而來的，反而可能會隨著年紀產生改變。舉例來說，在二年級完全行不通的學習技巧，到了六年級可能會導出極佳成果，反之亦然。世界一直不斷地轉動，而最重要的是，我們的孩子也會不斷地成長。如果我們能時時跟上孩子與世界的腳步，那我們就能一直與時俱進。

如果你覺得某一位老師可以運用更適合孩子的學習風格進行教學時，主動聯繫對方、與對方開啟對話。當然，不要用任何激進或說教的方式對談，只需要簡單地解釋你的孩子在什麼情境下或什麼方式可以達到最佳學習效果、你在家中試過哪些教材的教學等經驗，以及哪些方法效果良好。如果你有時間、決心與能力的話，你也可以詢問老師你是否能夠在家自行調整回家功課與作業內容，以更適合孩子的學習風格，並讓孩子擁有更佳的學習經驗。嘗試溝通通常皆比沒有溝通來得更有成效，後者不但對任何人都沒有幫助，而且受苦的是孩子，因為他們無法達到最佳的學習效果。

假如你不想要以「僭越」的方式聯繫老師，那就利用家長會及親師座談會的機會提出學習風格的整體概念，以及你家孩子的學習風格。

如果學校課程的整體設計能夠盡可能地順應特定的學習偏好，那當然是最理想的，因為當四種學習管道全都結合在一起時，孩子能夠學得最好。我們自然得將重點放在孩子個別的學習風格上，但也不應該停止提供其他感知管道的材料。動覺型孩子也喜歡聆聽廣播劇，聽覺型孩子也喜歡在教室內跑來跑去，視覺型孩子也喜歡看書。

所謂適性學習並不代表唯獨採用某一管道。多元與彈性是促進有效、良好學習的一部分。

不過，在學校走到這一步之前，你在家裡有很多事可以做，以順應孩子的學習風格。

當家長開始著墨於學習風格時，我常常會聽到四種回饋。首先是：「我的孩子現在學得更好、更快，而且在學習上也有了更多樂趣！」再來是：「我們在讀書學習和家庭作業方面遇到的壓力變少了，這對全家來說都是好事！」第三種是：「除了學習進度之外，我現在也更懂自己的孩子了，這為我們的親子關係注入更多和諧與理解！」最後，家長也會跟我說：「謝謝！我現在也發現了我自己的學習風格，我也同樣開始學得更好了。」

第三章
我的孩子缺乏動機，怎麼辦？

徹底絕望

絕大部分來找我聊的家長，都如此描述他們遇到的最大問題：「我的孩子完全毫無動力！他們不想要做任何跟學校有關的事，就算我說到滿嘴冒泡，也根本沒有任何幫助！」缺乏動機的議題可以將家長逼入徹底絕望的境地，並在那些家庭中引起多不勝數的爭執與怨念。

不過，什麼是動機呢？動機如何產生？當孩子缺乏動機時，我可以做些什麼？該如何克服短期的動機低落？這些問題皆讓家長心煩不已。當家長提出這些問題的時候，他們大多已經試過許多方法，也一直持續嘗試。他們苦口相勸、不厭其煩地對孩子說：「你做這些是為了你自己啊，不是為了我！」、「這關乎你的未來！」、「你現在正在經歷的事很有趣啊！」、「大家都必須這樣理解才對！」、「如果你不會這個，以後是要怎麼找到好工作？」等等。

你最喜歡的是哪一句？你常常喜歡跟孩子說什麼？又或者，你自己身為孩子的角色時，必須常常聽到什麼話？它們有用嗎？

不可思議的是，這些句子當然全都百分之百屬實、正確無誤，立意良好、合情合理，但我從未聽過有哪個孩子在聽了這些話之後回應道：「對耶！媽媽／爸爸，你說得對！我做這些是為了我自己，所以我現在要坐下了。」或是「確實，我現在在讀書準備物理考試，因為它超級有趣。」所以我們可以下個結論：這些句子毫無用處！

我們一般用來激勵孩子上學的方式和做法都很人性化、容易理解，卻幫助不大、鮮有成效，也不太有實質上的激勵效果。這就是實際經驗顯示的結果，而事實上，我們大家都有這種經驗。假如那些話真的有用的話，你現在手上大概就不會拿著這本書了。可是，為什麼它們沒有用呢？

為了找出有用的答案，我們先來仔細看一下大家最常用來激勵孩子的方式。所以，最常見的「激勵」方式究竟是什麼呢？我可以：

- 在孩子身上施加壓力，或是讓他們感到恐懼：「如果你不做作業，你的成績就會很爛！」
- 獎勵孩子：「每一個『A』成績可以賺五歐元，『B』可以賺三歐元！」
- 讓孩子看向未來，並試著理性地說服他們

在接下來的幾頁裡，就讓我們來一一討論這三個基本的可能做法吧。

壓力與恐懼——為什麼長期來看行不通？

為什麼指出結果沒辦法成功地激勵孩子呢？為什麼恐懼的效力不持久呢？因為它有嚴重的副作用。之所以會有「在恐懼中學習的人，同時也學會了恐懼！」這個說法，自然其來有自。如果我們懷著恐懼去做某件事，無法將它做得久、做得好、做得心甘情願，或甚至根本毫無動力去做。恐懼並不是正向的動機。我們當然可以在壓力與恐懼的情境之下學習，像是在考前最後一刻抱佛腳，這種事我們全都做過。從恐懼與壓力油然而生的腎上腺素確實能帶來短期助益，它激發了我們，讓學習內容能夠快

速地登入我們的腦袋，但同樣也會迅速地從腦袋登出——這是其中一項問題。

更嚴重的問題在於：所有伴著恐懼與壓力學習的人，都會陷入負面的學習經驗。事實上，在恐懼與壓力情境下學習的學齡孩童，絕對不會將學習視為令人享受或愉快的經驗，而是一種充滿壓力的狀態，讓他們認為不得不做的壓力更是源自對於負面結果的恐懼。

這跟學習究竟應該長怎樣、學習如何運作，都沒有太大的關聯。真正的學習只會在所謂的「心流」（Flow）狀態下發生：全然沉浸、專注於活動本身，忘卻時間與空間。舉例來說，孩子全然沉浸於玩樂時，便處於心流狀態之中。

真正的學習正是在這種狀態中發生的。這樣的學習具備激勵作用，也會令人感到充滿動力，不但會對心智帶來正向影響，更重要的是，它能留下良好的經驗與回憶。我深深地相信，所有孩子在剛開始上學時，幾乎全都只曾體會過正向的學習經驗！因為直到六歲之前，孩子幾乎都是憑著內在動機進行學習——源自內心、自動自發，全都是因為他們自己想要知道某個東西、學會某個東西、精通某個東西。透過這般真正的學習經驗，他們已經在人生的最初幾年之間習得許多東西。想想看，從一個出生之後仍無法自己舉起手臂的新生兒，然後再看看一個六歲兒童——或去看看你自己的孩子更好——他們在人生的前幾年已經把坐、爬、走、說、攀、動手做等，全都學會了。另外還會握湯匙、用剪刀剪東西、指稱顏色、自己穿外套、堆積木，或許甚至還會游泳——多麼大量的知識與能力啊！而且這些都不是在學校學會的，大多是在毫無壓力、恐懼的情境之下，全然依靠自己的力量習得。

可惜的是，學校太常沒有依照這種方式教導孩子了，而孩子從某個時間點起，開始**為了學校**學習，不再是為了自己或自己的人生。他們學習的原因再也不是因為**想要**（內在動機）學會讀、寫、算數，而是因為**必須**——「我已經三年級了，他們在教這些內容，所以我現在必須把它們學會……」此時，我們已經與真正的學習、那種如同遊戲或快樂探索的方式，相距千里之遙。

我的信念與個人經驗皆證實了這個現象：如果我們希望孩子學得更好，就必須創造正向的學習經驗。這就是學習動機的祕密。在我們朝這個方向邁進的途中，孩子可能會有一段時間、一個過渡時期，學習成效不如充滿壓力與恐懼的學習情境。不過，長期而言，孩子將會學得更好、更開心，因為他們現在又再次體會到：學習是一個美好、充滿成就感的過程。學習又變得好玩了！學習新東西，然後理解它、精通它的感覺很棒。

長遠來看，這個做法可以為家長（與老師）省下許多力氣，因為製造壓力、化解恐懼都非常費力，而且，藉此，我們也可以為孩子省下大量的壓力與挫折感——反正這些東西等到他們成年、或許上大學時，肯定只會有增無減。

順帶一提，「無壓力、無恐懼地學習」並不代表我們在學習時，不會三不五時地遇到困難，或是永遠只有美好的體驗。我們在幼童身上就可以看見這件事了，尤其是他們必須很努力地學習某些新事物時，好比一直不斷地嘗試自己拿湯匙吃飯，最後才總算成功地將食物放入嘴裡。於是，我的目標是讓孩子學會區分壓力與努力。壓力是不好的，努力是好的。

這其中的核心概念在於：壓力與恐懼對於短期動機（見上文）而言效果極佳，在幼童身上尤其顯著。如果我對小學生說：「你不做的話，老師就會對你生氣喔！」勢必能帶來刺激作用，大部分的孩子都會馬上照做，還想要全部都做對，不希望惹老師生氣。

但為了達到同樣的刺激效果，我的威脅必須一年比一年來得更嚴厲、更激進。孩子對於失望的老師的尊重，會隨著年紀增長變得愈來愈稀少，具備刺激作用的威脅也變得愈來愈難找。

就這樣，我每次都被迫加強威脅的程度，直到某個臨界點——通常是青春期——孩子終於開始想或脫口說出：「我他X的一點都不在乎！你就儘管威脅我吧，反正我就是不做！」最起碼等到這個時候，我的麻煩就大了。

姑且撇除這件事不論，到底有誰會想要年復一年、日復一日地威脅自己的孩子啊？而且還要不斷地構想出威力愈來愈強的情境？沒有人會因此感到好受的。每天威脅會使親子關係變得緊張。許多家長之所以踩煞車，其中一個原因在於他們注意到，這些威脅基本上只會引起他們與孩子之間的衝突。

利用壓力、恐懼與懲罰來養育孩子，事實上根本毫無助益。所幸，許多家長如今已經體認到這一點了。他們不再以負面結果作為威脅，反而偏好採取獎勵的方式，也就是我們的第二個選項（見上文）——但效果有比較好嗎？

獎勵——為什麼只有短期成效？

獎勵和懲罰是一體兩面的事，因為當孩子沒有得到約定好的獎勵，他們會覺得那就如同懲罰，而且不是只有孩子會這麼認為。如果你想要更深入探討這個主題的話，我推薦去讀美國作家艾菲．柯恩（Alfie Kohn）寫的書和網路文章，它們談到許多超越獎勵與懲罰的教養育兒方式。

獎勵並非真正、正向的動機，而是——我們摸著良心說吧——高超絕妙的操縱手段。我們大多數的人自己也都有這樣的經驗，好比說，主管要求我們晚上加班，並訂了比薩外送到辦公室作為「獎勵」誘因。我們當然會希望自己的工作能夠獲得酬勞，不過，唯有當我們能夠看見其中的意義時，我們才會真的有動力去做這些工作。

在我看來，獎勵最困難的面向在於：我不相信孩子自己會去做我所期望的行為。舉例來說，當我提供獎勵時，我顯然就是不相信孩子能夠或想要自動自發地學新單字，所以我才必須為此給予獎勵。在這種操縱的手段下，孩子學會做某些事情，不是因為它合理、適當、有幫助、令人愉快或純粹必要，而只是因為有外在刺激。在我獎勵的同時，這項舉動本身就向孩子傳達了「學習本身並不有趣」的訊息，要不然我就不必為此提供獎勵了嘛。

我們想要達成的效果恰好相反，那就是讓孩子享受學習，並**因此**一直持續地喜歡做這件事。這就是我為什麼從來不獎勵讀書、學習的主要原因，我想要讓孩子理解：學會某事，然後理解它、認識它或精通它，這整件事本身正是學習所帶來的最大獎賞。這種源自內在的獎勵，遠比任何外在的獎勵來得更棒。

沒有任何獎勵可以長期地取代內在驅動力。我常喜歡跟孩子說（當然是用不同說法）：「你的一切都可能被人奪走！我可以偷走你所擁有的一切物品，但卻沒有人能夠搶走你腦袋裡東西，還有你學會的東西。這些是你蒐集於內在的寶藏，沒有駭客、沒有小偷可以把它奪走！」尤其當你三不五時就重複提醒他們，孩子能夠明確地理解這個道理。

關於獎勵的另外一個問題，我們其實已經在恐懼、壓力和威脅的部分就觀察到類似的情況了——那就是，它們的作用消失得極為快速。獎勵學習是一種（源自）外在的動機，我也承認，它確實能在短時間內發揮效用，但很快就會產生習慣化效應——如果想要達成同樣的效果，那獎勵就必須愈來愈大。

假如我這個學年答應要給成績好的學生三歐元作為獎勵，那我在隔年就必須給五歐元。直到某一刻，孩子想要的獎勵將超過我們的能力範圍或願意給予的額度，屆時，獎勵作為一種（糟糕的）激勵方式的好日子就終結了。

關於這個情況，我記得在我的工作經驗中有一個特別鮮明的案例。我已經協助這個家庭好幾年了，他們飽受離婚、爭吵之苦，三個孩子不斷地在父母之間來回拉扯，這種情境相當艱難、充滿壓力，孩子會缺乏寫作業和讀書的動力也是可以理解的事。父母雙方都持續採取獎勵作為解法，於是孩子當然已經習以為常了。獎勵必須變得愈來愈大，他們答應提供最新、最好的手機、電玩、馬匹（真的拿來騎的馬！）及其他好東西。如此絕望的情境、絕望的嘗試……然後，情況就變得非常極端，尤其最小的兒子在學校變成了一大問題兒童，而他的父母又再試圖以獎勵解決。他對任何與學校有關的事都動機低落，他的父母不得不獎勵他去上課後輔導與閱讀障礙訓練。

年紀僅只十三歲的兒子，已經換到第四所私立學校了，他某天甚至跑去跟父母要求：「如果你們想要我繼續上學的話，就必須付我錢！」你猜猜後來發生了什麼事？他的父母出於絕望地答應付他錢，而且這份「薪水」每年都必須調升。

當然，這個做法算是非常粗暴的例子，但它向我們闡明了為什麼獎勵長期下來行不通、為什麼最好不要起這個頭。不過，有一個例外。

我們有時候會遇到一些極端情境，需要孩子非常快速地配合，因為外部條件不允許其他選項。好比說，我們試想一下，孩子必須去看醫生做檢查或注射疫苗，大家在這種情況下可能會說：「你現在配合的話，就可以得到一本很讚的雜誌！」或是玩具，或任何你知道會讓孩子開心的東西。

但注意：我們剛開始只有在這一種情況下、針對這一個令人討厭的事情上給予獎勵，後來在其他不是例外的情況下也開始獎勵，那到了某個時間點，孩子在達成每一項目標、進行每一項任務之前，都會開始問：「我做了會得到什麼？」這並不是一個很好的生活及學習方式，甚至對於卡在這種螺旋內的孩子本身而言也絕非好事。

以食物形式呈現的獎勵也會帶來全然不同的問題。如今，罹患各式飲食障礙症的孩童與青少年人數非常多。根據羅伯特．科赫研究所（Robert-Koch-Institut），在年齡介於十一歲至十七歲之間的青少年當中，超過百分之二十的人罹患飲食障礙症，其中，女性的比例約為百分之二十九，幾乎為同齡男性的兩倍。許多營養學家相信，導致飲食障礙症的其中一個原因在於，人們將食物與感受加以連結，以及其他與實際進食目的毫無關連的事物。

食物的功用在於營養與社交聚會，至於蛋糕則是用來慶祝的，不是獎勵。當我們開始拿甜食來獎勵孩子完成作業時，等於在他們腦中定了個錨：「我做了某件很棒的事，因此得到巧克力。」那就代表在未來，每當這個孩子做了某件很棒的事，他就會覺得自己現在該吃一根巧克力棒以作為獎勵了。相反地，當孩子經常得到甜食以獲撫慰，那他們就會因此內化這種想法：「我感覺好差，所以我要來吃冰淇淋，讓自己感覺好一點。」

這種食物與感受之間的連結非常難以打破，所以我才會強烈建議不要以食物獎勵孩子，也希望學校減少這樣的情況——老師有時候也會用甜食作為獎勵。這麼做確實立意良好，但許多老師常常不清楚這種做法可能會為一些孩子帶來長期且負面的影響。

我總說：冰淇淋是夏天時吃的，因為在夏天的暑氣中吃起來冰冰涼涼；巧克力在聖誕節出現，形狀是聖誕老人的樣子；飯後甜點是在全家一起享受好料的時候出現。然後，不管怎樣，小學生的午餐盒裡每天都要有小熊軟糖，或是每個家庭可以找到自己喜歡的方式，總之，那一、兩顆小熊軟糖就是會出現在那裡當作額外的獎賞，但跟孩子的行為或感受毫無關聯。

第三個選項：理性說服——為什麼無法持久？

現在我們來到第三個選項：試圖理性說服，例如透過指向未來的方式，說：「為你自己以後著想嘛！如果你好好讀書的話，就可以找到很棒的工作。」

這其中的問題在於，此時此刻的學習讓人覺得太不愉快了，另一方面，孩子和青少年並無法以成年人的程度望向未來。對我們成年人而言，五年一點也不算什麼，但對孩子而言，五年感覺也已經像是一大半輩子。

尤其對青少年而言，大腦在青春期時會大幅重新建構，有時候根本不可能做出任何理性、具備前瞻性的決定。他們本身的衝動與對於當下的感受實在過於強烈了。

當你十六歲時，你覺得自己還有永恆的時間，「某天就會去學這些東西了，只是拜託不是今天、不是此時此刻。」年輕人是真正的拖延大師（稍後詳見第四章）。身為家長的你，如果能夠回想一下自己十五、六歲時某些時刻的感受，會很有幫助——充滿各種責任、「某天」必須開始賺錢的真實人生感覺多麼地遙遠啊。

當然，這不代表我不喜歡跟年輕人談未來、一起設定目標或思考該如何達到目標，這些都是極為重要且值得開啟的對話，但我在特定情境中想激勵孩子的時候，不會採用未來式的暗示。

所以說，這種提升動機的方式也行不通，那我們到底還能怎麼做？

優於獎勵：發自內心的「耶！」感受

事情基本上非常簡單，孩子在年紀很小的時候，就已經知道有些無聊、「愚蠢」的事情，不管怎樣就是必須去做、去面對，只因為它們是必要的，並且有其道理，即使在沒有獎勵的情況下也一樣，因為它們確實會帶來更好的東西。

每當孩子完成或達到某些需要努力的難事，以及／或者他們原先抗拒的任務，我總會給他們另一個簡單又低成本的選項——當孩子一完成任務時，我就會問：「如何？你現在成功做完之後，感覺怎樣？」從來沒有孩子回答我：「有夠蠢的！克服自己、完成這項艱鉅的任務讓我覺得好煩喔！」不會的，孩子反而以自己為傲、回報好的感受、覺得開心，並享受成就。多虧了這一道問題，他們學會了一件事，那也是所有人一輩子當中最基本的意義：有些事我沒有興趣去做，而且我必須花很多力氣才有辦法完成它們，但是每一次完成之後，我都會覺得很開心、鬆一口氣，並引以為傲。

藉由「感覺怎樣？」這一道問題，我將孩子的注意力引向他們內在再重要不過的「耶！」感受。

當孩子愈常有意識地體會這種或大或小的勝利感，他們在未來就愈容易擔起令人不快的新任務，因為他們已經知道：起初要克服它們或許會費一些力氣，但我稍後保證可以再次獲得這種很棒的感覺。而相較於承諾給予獎勵、壓力、處罰，或是理性地指向更好的未來發展，對於這種感受的期待所帶來的成效與動機高出千倍之多。除此之外，這種內在的歡呼感受甚至不會產生習慣化效果。它每一天都能發揮作用，可以一而再、再而三地重複使用。

當孩子下次需要有動力讀書、寫作業時，他們所須的正是這種內在的歡呼、「我成功了！」的感受。這可以大幅解答「我該如何激勵孩子？」這個問題，答案就是：在孩子盡可能地完成任務時，問他們做完工作、達成任務，或單純嘗試解決任務之後的感受。這就是「動機」這項命題最真切的意義。

適當地激勵孩子

我個人會採用各式不同因素的交互作用來激勵孩子，這些因素全都很重要，但須權衡會因不同孩子而有所不同。

舉例來說，我會不斷地使用鼓勵成長型思維模式（見第一章）的語言。當孩子沮喪地抱怨：「我就是不會啦！」的時候，我會冷靜、有信心地說：「你『**還**』不會！你一直在嘗試，真是太好了！看到你做了這麼多努力，真的很棒。」光是讀這一段話，感覺就已經很棒了，對吧？對孩子而言更是如此！

藉此，我可以保證，隨著時間過去，孩子勢必能夠建立強韌的信念與能力，而這份信念可以良好地為他們提供源於自身的內在動機。這意味著，這個孩子幾乎等同於自動具備了勇於挑戰、處理新事物的動機，如此一來，我就不必在每一份新任務開始之前（那麼費力地）激勵他們了，因為他們可以憑著這份信念自主產生動機。

另一種動機因素可以為孩子提供深層的推動力與振奮感，也是我一直在努力想要找到的。這個詞彙的脈絡很優美——「動機」（Motivation）源自拉丁語的「移動」（movere）一詞，相較於提問「什麼東西『**激勵**』你？」，我們也可以問「什麼東西『**推動**』你？」。每個孩子都會有一些東西可以推動他們的情緒、激發良好感受、振奮他們。在某些孩子身上，這部分相當隱晦，有時候會需要花很長的時間才能發現，但這件事非常值得我們多花一些心思去挖掘，從無例外。

我想到一個故事。我年輕時在慕尼黑讀大學的時候，擔任課後數學家教。有一天，有一位十六歲的新學生來找我，她踏入我那間小不拉嘰的學生宿舍，皺著鼻頭說那裡又小又簡陋——和她習慣的東西不一樣。就這樣，情況順著這個方向發展，我根本也不用多說吧——她對於我們的課後輔導完全提不起勁，幾乎從未看我一眼，光是坐在這張椅子上就好像是被強迫似的。當時的我已經累積許多經驗了，我不會再讓自己的心情受到擾亂，反而開開心心地開始向她解釋線性函數。但同時，她只顧著望向窗外、評論我那簡陋的室內裝設、從沒什麼在聽我講話到根本沒在聽，要不然就只會一直重複地說：「我聽不懂。」

過了折磨人的四十五分鐘之後，我派給她一項新的任務。由於我自己是哈利波特迷，我選了一個哈利波特的例子。我挑了一道題目，是跩哥・馬份（Draco Malfoy）用加隆（Galleonen）和西可（Silbersickeln）買咒語書。接著，她轉過來、眼睛亮了起來，第一次真真切切地看著我，驚訝地問：「你知道哈利波特？」我回答：「當然啊，我是有史以來最死忠的粉絲耶！」對此，她幾近熱情地回覆道：「沒有人比我更死忠了！」在接下來的一個小時內，我們只顧著聊哈利波特——我們屬於哪一個學院、我們最喜歡哪些場景。

她跟我說她去參觀倫敦的哈利波特旅館，我們互問一些很刁鑽的內梗，只有最死忠的鐵粉答得出來的那種。從那天起，不管是我們之間的相處或她的動機都不再成問題，她每一次上課都滿懷動機，這讓我們兩人的日子都好過許多。

直到今天，我跟她和她的家人仍是朋友。雖然她從未愛上數學，但她開始對這個科目敞開心胸，讓她足以成功完成高中學業。

這是一個關於「什麼東西推動孩子？」的美好故事，有時候哈利波特就是答案。如果哈利波特能夠推動他們，他們也能朝著數學的方向移動——你只需要將兩者互相結合即可。

如果孩子拒絕上學

如果我們可以找到得以推動孩子的途徑，那我們也可以透過這個途徑去推動許多原本與之無關的東西。我必須做的就只是成功找出通往孩子心中、那一把火的途徑。說到這裡，我想到另一個故事。當時，我接到一通來自一位徹底絕望的母親打來的電話，她的八年級的孩子堅決拒絕上學。當然啦，在拒絕上學之前，他已經在學校累積了好幾年的問題，但有一天，這個十四歲的孩子終於說：「我再也不要去了！」在面對這樣一個已經幾乎長大成人的青少年，身為母親的人到底該怎麼做？

她跟我說：「我根本沒辦法把他舉起來、抬到車子裡，然後把他載去學校啊！」她認真考慮要叫警察來帶她兒子去上學——在有義務教育的國家裡，警察確實有許多這種帶學生去上學的經驗。我很清楚知道，這不是解法。

那位母親當時也有跟一位治療師配合，對方告訴她，先嘗試幾個星期不要送她兒子去上學。他開了一張四週長的病假單，這個做法起初確實將壓力掃除了好一陣子。但她馬上又問我：「但我們現在到底該怎麼做？」

我問她：「他有任何喜歡做的事嗎？」「有，整天坐在電腦前面。」「他坐在那裡只會玩遊戲嗎？」「不，當然也有玩遊戲啦，但除此之外，他也會做很多其他的事；他會做短片，總是非常投入、很有生產力。」我建議她找一個資工系的學生，每天來教他寫程式。在這個案例中，他們的家境有能力這麼做。

於是，她找到一個適合的學生人選，對方的能力很好、也很友善，每天花九十分鐘教男孩寫程式，也會指派他課後作業。而原本對於學校課業缺乏動機的兒子，反倒經常熬夜解這些功課。男孩在這四週內出現巨大改變，走路更加抬頭挺胸、眼神更加澄澈、態度更加友善，也會滿懷興奮之情地坐在電腦前，甚至突然會在大學生早上來家裡之前，就打扮得體地等候對方。

他對於這件事非常投入，甚至在三個半星期之後跑去找他父母，慎重地坐下來說：「我現在想要回去上學了。我想要讀完高中，才可以去讀資工。」之後，他真的再度回到學校、在高中畢業考取得亮眼成績，即使他到最後依然未曾搏得高中校長的喜愛，但他的成就已經足以讓他過上自己的夢想生活。

這激發了動機。

所以說，如果我無法成功激勵某個孩子去學法文、生物或音樂，很可能只是因為這些科目對那個孩子而言就是不那麼有趣罷了。不過，孩子能夠理解，有時候為了要達成更遠大的目標，有些事情是必要的，所以找出「什麼能夠推動孩子」才會顯得如此關鍵。

不管孩子有沒有明確的職涯願景並不重要。上述的男孩原本也完全沒有任何目標，他首先必須體會到，他能夠從自己喜愛的休閒活動中學到許多東西、他很擅長這件事，而且自己內心深處是一個資工系學生。當我們在談「動機」這個主題時，獲得這種認知、實現這種體驗，往往是其中最巨大的挑戰。

這是因為許多缺乏動機的孩子就是不相信自己有辦法做出任何具備生產力的事，讓自己往後能夠追求出色的職涯可能。所以，我的建議是：假如你的孩子不擅長拉丁文，但數學不錯，那他需要課後輔導的科目其實是數學。雖然這聽起來很弔詭，但我稱之為「讓強項變得更強」，而不要將焦點放在弱點上（另見第六章）。

舉例來說，特別擅長數學的經驗本身，可以在孩子身上激發強烈的動機，足以讓他們更願意去做其他自己沒那麼喜歡、但在學年中必須及格通過的科目，像是拉丁文。關於這個主題，我最喜歡引用的一句希臘哲學家普魯塔克（Plutarch）說過的話：「人類的靈魂並不是一只必須填滿的酒桶，而是一把等待點燃的火焰。」我自己多年來的經驗也能驗證這句話。

當然啦，讓孩子去上拉丁文課後輔導以補上進度仍然是很合理的做法，但我建議家長最好時時確保孩子在強項科目中投注雙倍的時間，因為在孩子的動機與未來中，體驗到自己的強項扮演著非常關鍵的角色。

激勵孩子第一招：訴諸情緒

有三個簡單的方法能夠在特定情境中激發孩子的動機。第一，訴諸情緒。相較於中性、以事實為基礎的任務或練習，我可以根據不同孩子、使內容變得情緒化。例如當我想要練習用英文描述圖片時，不要只是從英文書裡隨便挑一張圖片，而是從書中挑一張對孩子而言具有某些意義或意義重大的圖片，或是這類影片。當這個影像與孩子有強烈的情感連結時，像「我在圖片的前景中看見……」這樣的句子，不論是對孩子本身或他們的動機而言，都會突然獲得截然不同的意義。

我的好友薇瑞娜・費德莉克・哈瑟（Verena Friederike Hasel）在她的書作《跳著舞的校長》（*Der tanzende Direktor*）[1]中說了一個很棒的故事，是關於紐西蘭的孩子學習描述圖片的過程：他們在早上上學前，先在沙灘與老師碰面，一邊踩著沙、一邊看著日出從海平面升起。接著，他們懷著情緒如此豐沛的經驗進到教室，先一起在白板上集思廣益，將他們所體會、感受到的形容詞寫下來。之後，他們才開始描述圖片。以如此高度情緒化的方式學習的人，也同時擁有高度學習動機——是由情緒製造動機。

1 譯注：本書尚無中譯本，書名為譯者暫譯。

激勵孩子第二招：與孩子的世界建立連結

我們的孩子在學校必須學的東西，常常跟真實世界毫無關聯或很難真的有任何共鳴。連我自己身為「專家」，遇到孩子提問「我為什麼一定要學這個？」的時候，也常常只能想出一些非常牽強的答案。

儘管如此，我不會放棄，並隨時不斷地尋找答案。舉百分比計算為例：你的網路流量或手機電量到底還剩百分之幾？這類跟孩子的生活有所關聯的問題，常常可以激發著名的「啊哈！」頓悟時刻，並激勵孩子再給百分比計算另一次機會。又或者，我們來舉另一個例子──辯論的結構。我們可以利用Instagram限時動態作為練習，而藉由這個方法，我可以向孩子跟青少年表示，我願意接受他們的建議，也對他們的世界感興趣。基本上，在處理孩子與青少年的學習時，這是一個很棒的建議：「感興趣，而不是有趣！」

每當我對他們提出的問題顯得愈真誠、愈感興趣時，他們也會愈有興趣想趕快知道我要說的是什麼。這就是我贏得他們注意力的方式：與孩子的世界建立連結，就等於動機。

激勵孩子第三招：按下啟動鍵

如果你有追蹤我的 Instagram 帳號，你可能會問：這一招怎麼這麼晚才出現？這是我的工作的核心，是我能成功與孩子共事的其中一個主要原因，而那些在家採用我的方法的家長，也藉此跟孩子共創成功經驗。

因為如果藉由將學習內容情緒化，或是讓它們與真實生活經驗產生關聯，都仍無法激發足夠動機的話，那麼啟動方法將會是最後方案。不管一項作業有多麼枯燥乏味，只要我用粉筆到室外寫在柏油路或石子地板上，它在任何年齡層的孩子心中都會瞬間多贏得一個新的價值。我幾乎可以拿所謂的粉筆（可洗掉）寫在窗戶玻璃上，以解決任何學習任務。在新冠疫情期間，成千上萬名孩子用粉筆在房間窗戶上寫作業；他們的家長寄給我看這些振奮的照片，因為他們的孩子都是頭一遭帶著如此閃亮的眼神在寫作業。

我也可以在貼滿膠布的積木上或屋內的任何物品上寫單字，或是在地上用粉筆畫的跳房子遊戲框內抄下乘法表、變格與動詞變化。說真的，任何作業或練習都可以用這種方法加以啟動——啟動即動機。你可以在本書前面彩頁找到許多啟動方法與圖片的例子。

總結：照樣做就能有所進展

我可以理解，家中有個缺乏動機的孩子拒絕上學、寫家庭作業，或是只有在說盡各種警告之後才委靡不振地照做時，家長有多麼地絕望。但當我們認清會有這種問題，通常是因為我們嘗試採取壓力、恐懼、獎勵或理性說服等無效方式，那我們的問題就已經解決一大半了。

當你開始混合使用我們在這一章節後半段所討論的各種動機因素時，問題的另一半也會隨之獲得解決。關於動機，很棒的一點是你可以馬上看出哪些因素能對自己的孩子帶來好的影響。孩子會用臉部表情與行為向你展示這件事，而過了那一點之後，一切就會開始往前推進了。

第四章
戰勝艱難學習情境

磨蹭老半天、拖到最後一刻

你會讀這本書，大概是因為你家孩子於學習上或在學校裡一直不斷遇到困境吧。其中一個最常見的情境是無止盡地拖延，也就是所謂的「拖延症」，我們大家對這種現象都很熟悉。

我們就不要騙自己了，大家全都有一份拖延清單，上面少說有十項我們已經想做很久的事——有一封信必須去寄、有一雙鞋子鞋底壞掉、早就該送去給鞋匠修理，還有報稅單呢？拖延症很正常，也很人性化。我們應該將兩種不同的拖延症加以區分。

首先是「拖到最後一刻」（Aufschieberitis）的狀況，雖然很討人厭，但除了必須多付一些提醒通知單的費用之外，並不會造成其他太嚴重的後果。另外還有「磨蹭老半天」（Prokrastination）的狀況，事態嚴重到會影響拖延症患者本身的整個生活。因此，我認為，對家長而言很重要的一件事是去釐清孩子的拖延症類型，以更能同理且更加瞭解家中正值青春期或年紀更小的孩子。

當我們瞭解有些孩子與青少年的拖延傾向可能會比其他人更加顯著時，其實就已經代表我們對拖延症有更深一層的認識了。但基本上來說，拖延症是一種習得行為，而且壞消息是，它只會愈演愈烈。

情況之所以惡化的第一種原因在於，我透過拖延不喜歡的任務或活動獲得正向感受，因為我在當下成功避免了克服困難或耗費力氣等令人不悅的感受了嘛。我內心感到一份（短暫的）歡快感——壓力不見了，我不再需要處理某某主題了。

拖延情況加劇的第二種原因則是我本身的迴避行為，也就是我不去處理不喜歡的任務、轉而去做的那些其他事，例如看抖音（TikTok）影片、打電動遊戲，或是跟女朋友講電話。這些行為保證能夠帶來更多的正面感受，而且也更快速。

由這兩種使拖延加劇的原因可知，拖延的感覺其實很棒，所以情況也才會愈來愈嚴重。如果我可以透過這種方式迴避問題，那我又何必改變呢？

接著，過了幾個小時之後，內疚感就上門了，還有任務沒有做完、或工作量沒有任何減少（好個驚喜啊！）而產生的不祥預感，因為我們現在也開始有時間壓力了呢。假如我們仍然不去處理任務，原先的正面感受又會再變得更加強烈，因為我們又成功避免付出努力了，形成一個經典的惡性循環。

現在，就讓我們來一探兩種不同的拖延症吧。

兩種不同的拖延症：第一類

第一類（我把自己歸於這一類）永遠會將一切事情往後延遲，但到了最後一刻就會進入最佳狀態，最後仍能交出最佳成果。如果你家孩子屬於這一類的話，他們通常會在課堂考試前的最後一晚才開始讀書、熬夜準備報告，或是去上學的當天早上才匆匆將作業的海報趕完。如果你的孩子在這種情況下仍有傑出成就，總能取得好成績或做出亮眼表現，那我會建議家長什麼都不用做，或不需要做太多。這會導致第一類的人產生兩種發展：第一，他們可能某天會因為自己在這種高壓的情境下拖延而受不了自己，並因此徹底重新思考自己做事的方式，開始提早讀書或寫作業。不過，第二種發展是，他們最終就接受了自己是「只有在極度高壓的情況下才能祭出良好表現」的那種人，然後就謙虛地向自己的命運屈服了。

關於這種情境，我還清楚記得自己在大學第二個學期時的經歷。當時，我有八科考試臨頭，但在考試開始的前四週，一位朋友送了我《暮光之城》（*Twilight*）系列第一部。結果就是，我迷失在吸血鬼的世界中整整三週，根本不可能花任何一分一秒去讀考試筆記。但與此同時，我的內疚感也膨脹到無以復加的地步。

我在考試前的最後一週幾乎完全沒有睡覺。我每天讀滿十六個小時的書——想要透過這種方式真正把讀過的東西學起來，根本是不可能的事。最後，我成功在每一科考試上皆取得非常亮眼的成績，但代價是嚴重的扁桃腺周圍膿瘍。

由此可見，拖延症患者會不斷地懲戒自己，有時候會從中學到一課，但那並不是每次都會發生。以旁觀者的身分去看這一切，有時候並不是那麼簡單的事。

對於那些自己不是拖延症患者、或比較沒有拖延傾向的家長而言，看著自己的孩子將家庭作業拖了好幾週、不願意「每天寫個一頁就好」時，會讓他們感到高度痛苦。我其實真的試過很多方法了，但最後得到的結論是，當第一類的拖延症患者過了一定年紀之後，不斷地告誡或鼓勵他們都毫無幫助。我已經認清了，到了某個時間點，這一類人的自知之明會比我們持續從外部給予新建議與提點來得更有成效。

在我看來，第二類拖延症患者的問題倒是多上許多。

兩種不同的拖延症：第二類

如果孩子將作業拖延太久，以致無法交出良好成果，或是無法在考試臨頭時進入最佳狀態，反而被焦慮困住了，那家長就勢必得出手介入了。

因為這會讓他們的學業陷入危機。一般而言，我絕不贊成放任孩子自生自滅，但我總是一再聽到家長吐出這種見解：「如果他繼續這樣無關緊要、磨磨蹭蹭，我就放他自食其果吧，那就是他自己的問題了。」我覺得這樣做既沒愛心又惡劣，也違背了我自己對於家長應該為自家孩子做哪些事、成為哪種存在的認知。當家長在給予建議與幫助時，青少年常常會看起來好像覺得很煩。容我在這裡拜託你們——不要因此擾亂了自己的情緒。根據我自己的經驗，那些所有曾受過我的訓練的人，現在都非常感謝我與他們的父母，從未放棄他們或任由他們惹上麻煩。

在孩子的成長過程中，就是會有一些比較困難的時期，需要有前額葉皮質運作良好的大人站在孩子的身後，確保他們不會遇上任何麻煩。而再也不參與任何與學校有關的事，正是一件不該發生在孩子身上的事。

因此，假如你的孩子屬於第二類，他們真的很難讓自己開始做事，而且似乎即使到了最後一刻也無法動身，以下有一些好方法可以幫助你改善情況。

方法一：即刻開始及五分鐘妙招

這裡的箴言是：「即刻開始！」而且我所指的就是「即刻」，在你讀到這句話的此時此刻，不用試圖去找孩子對話、不用再去寫什麼待辦事項清單，也不用再擬定更多計畫去安排孩子到底什麼時候有空寫作業、讀書，或是可以將西班牙文法從頭到尾複習一遍的最佳時機。

都不要喔，我們的規則是：「即刻開始！」就是現在，不是五分鐘之後、沒有「等一下」，也不是今天晚上。就是現在，放下這本書、手機或任何你手上拿的東西，然後——開始！當然啦，這勢必也會需要克服很多東西。

關於這一點，「五分鐘妙招」（針對十四歲以上的方法我稱之為「十分鐘妙招」），它基本上就是叫我們認可孩子或學生，像是：「好，你覺得這個主題超級嚇人，很怕它會讓你感到非常不舒服、精疲力盡，但你可以忍受它五分鐘的。所以，我們現在就來定時五分鐘（正如前述，對年紀較大的孩子改成十分鐘），然後就在這五分鐘內，付出全力地去做這項作業（或讀這個主題）。五分鐘後，如果你覺得一切還是很可怕、連多一秒鐘都受不了了，那我們就停。我保證。」我們當然必須堅守這份承諾。

不過，根據我的經驗，有百分之九十五的機率，孩子會在五或十分鐘之後向我點頭，說：「我可以再多做一下下。」而在不知不覺當中，我們常常就會做超過四十分鐘，並成功完成了一大堆內容。

這個克服拖延症的妙招真的出乎想像地寶貴，你日後也可以自己把這項好工具儲備起來。這樣一來，你也可以花五分鐘的時間報稅，或花五分鐘的時間熨襯衫。大多時候，最後都會變成一小時，但即使沒有，你依然成功抵抗了討厭的拖延誘因、打破了惡性循環。

方法二：設定小目標

關於拖延、磨蹭老半天最大的問題在於，我們已經看到一座巨山矗立在眼前，堆滿了那些我們認為自己永遠無法達成的事——這當然會看起來令人極度不舒服。我的編輯就曾經為了鼓勵我寫這本書，說：「不要把目標設在要寫一本書，而是把目標設在每次都多寫一頁就好。」

小學生面前也有可能會出現這種巨山。舉例來說，累積了好幾週沒有讀拉丁文單字，或是數學的進度嚴重落後、缺乏基礎知識而再也跟不上課堂新教的內容。甚至像是一份報告、為一次困難考試做準備，對他們而言都可能是一座大山。遇到這種情況時，我總是會請家長轉換至孩子的角度思考與想像，例如準備化學考試之於孩子的討厭程度，正如即將來臨的報稅季（或是其他同等令人感到威脅或不悅的事）之於大人那般。

由於身為大人的我們能夠綜觀大局，所以我們在這裡可以做的事，就是將大型任務切分成一小塊、一小塊，好讓孩子覺得每一小塊都能比較容易達成。關於這個概念，我最喜歡的俚語是：「怎麼吃大象？一塊一塊吃。」（Wie isst man einen Elefanten? Stück für Stück.）

針對特別困難的個案，也就是那些「完全拒絕配合」的孩子，我會將這些小任務切得小到不能再小。舉例來說，撰寫一本書的摘要感覺起來就是過於龐大的任務。

對此，我會拿一疊便利貼，然後在第一張便利貼的背後寫上：「翻到第七十六頁、開始閱讀。」在第二張便利貼寫：「拿螢光筆畫關鍵字。」在第三張：「運用『wh問句句型』撰寫摘要的第一個句子：誰、如何、哪裡、什麼、什麼時候。」以此類推。

接著，我會將所有便利貼貼在牆上，或黏在我的桌上。而因為我將這些小到不能再小的任務寫在便利貼的背面，別人只會看到一整面貼滿空白便利貼的牆（當然得按照正確順序擺貼）。這樣看起來就不再嚇人了。我會再另外隨機穿插一些小小的「鬼牌」便利貼，上面寫一些像是「起來喝蘋果汽水」或「開合跳十下」的內容。

我強烈建議，家長必須親身待在現場、陪同並鼓勵孩子完成所有任務，直到他們熟悉便利貼的操作方法、確保運作良好為止。也就是說，家長必須（能夠）空出時間來做這件事，但這些時間將會是很棒的投資，因為擺脫拖延症的唯一方法就是擁有正向的克服經驗。不過，如果拖延問題過於嚴重，這些內容在執行上勢必也不會太容易，所以，在初期階段親自花一些時間支持孩子，是很值得一試的。理想上，孩子在過程中也能學會如何自己將任務切分成能夠消化的小任務。

方法三：減少工作時間

如果我有十四小時的時間能夠完成一項任務，那我也會真的需要十四小時。如果我只有一小時，那我就會（於多數情況下）在一小時內將它完成。於是，解決方法就是限制孩子寫作業或讀書的時間。如果孩子有一整個下午或晚上的時間，那他們非常有可能拖延。

因此，在我分別諮詢了家長、孩子或青少年之後，我決定——舉例來說——只有在晚上五點至七點之間可以讀書，其他時段都不准讀書。當我愈是嚴謹地訂定、遵守這條規定，這個方法就會運作得愈好。這也代表說，在晚上十點的時候，我必須從拖延症發作的孩子手中抽走他的法文課本，禁止他繼續準備隔天的單字小考。做這件事需要勇氣，但真的很值得一試。

雖然孩子可能會覺得這樣做很惡劣——短期而言確實是這樣沒錯——但長期下來，他們就會學會在規定的時段內讀書。更重要的是，一整天下來，全家人在其餘的時間內都能夠更加放鬆，再也不會因為揮之不去的內疚感、家長不斷提醒「該去讀書了吧！」而蒙上陰霾了。

我通常會建議家長每天撥出一個半小時的時間，跟家中青少年或年紀更小的孩子一起坐下來，高度專注地投入學習活動。至於要挑哪個時段，取決於孩子就讀的年級與學校型態。在這段時間內，我會請家長也坐在書桌邊專心地做自己的事，例如一些文書工作、每週計畫、處理信函等等。但我不建議家長坐在孩子旁邊使用手機，即使是工作用途也一樣，因為手機實在太容易讓孩子分心了。

學習活動只會發生在這段一起工作的時間之內，其餘的時間都不會。依此執行幾天之後，孩子的起始門檻就會變低，他們在這段相對限縮的時間之內能夠達成的任務就會變多，尤其如果孩子原先一直拖著、什麼都不做，成效相較之下便更加顯著。

減少工作時間的方法通常都能執行得不錯，也能產出良好成果。舉例來說，孩子可以在這段時間內將全部十個單字都記熟，同時完成所有家庭作業。這時候，有些家長就會開始提高期待，想說：「既然進行得這麼順利，那為什麼我們不乾脆也把以後可能會考的內容一起預先讀起來呢？或是針對兩週後的考試進行練習？」我只能說，我反對。

我們必須時時記得原本的出發點——這一點非常重要——原本可是全然呆滯、磨蹭老半天的狀態啊。所以，在面對這些看似微小的成就時，我們應該視之為不得了的一大成就加以讚揚，因為它們真的已經很不得了了。唯有當孩子真正建立起以己為傲、堅信「我有能力做些什麼！」的心態時，他們才會逐漸蛻變成富有遠見、願意勤奮工作與學習的人。

關於這邊的討論，我最喜歡的一句話是：「完成勝於完美！」（Better done than perfect）延續這個概念，當我們成功辦到一些什麼的時候，就該頌揚它，而不是看到什麼東西運行得不錯時，就馬上要求更多。

方法四：提出討論

這個方法也已經獲得成功驗證：不斷地主動討論「拖延」這個主題。例如你可以在吃晚餐的時候，提到自己之前曾經把某件事拖延很久、你很受不了自己、覺得壓力變得愈來愈大，最後差一點做不完。但最重要的是，你後來發現那項任務其實沒有原本預期中的那麼糟——連一半都沒有——然後再談談自己平常如何自助、在拖延症的輪迴中找到解套的出路。

在這裡，最棒的句子是「我可以做很難的事」或「讓自己比最頑強的理由更頑強！」我會一直重複地對自己和孩子說，像小咒語一般。

作家兼民權運動家瑪雅．安吉羅（Maya Angelou）曾說：「夢想如果不去實踐，就只會是夢想。」（Dreams don't work unless you do.）只有當你真的為夢想做了些什麼，它才會實現。這句話再中肯不過了。

總結：人生成就

大家都有可能學會如何處理自己的拖延症傾向，我們稱之為自我管理或自我規範。可惜的是，學校裡完全不會探討到這件事，或談得少之又少。如果想要在往後的人生中，不論是在求學生涯取得成功，或是追求充滿挑戰性的工作，適當的自我管理可說是一項重要基礎。

對我而言，有趣的點不光只是看到孩子成功掌握數學科目的內容，我也會提出其他問題，包括：孩子有辦法替自己安排嗎？孩子能夠建立臨時目標嗎？孩子的時間管理能力到什麼程度？換句話說，孩子能夠多精確地評估一項任務所需的時間，並提早夠多時間開始工作？孩子是否已經學會主動準時開始工作？遇到有東西行不通的時候，他們會怎麼做？遇到錯誤時，他們會怎麼反應？

如果青少年與年紀較小的孩子能在學校學習這般自我規範的能力，那就再好不過了。我的意思並不是像字面上的那樣，每一學年上個兩天的「學會如何學習」的課程，而是認為這種規範能力必須融入每一個科目的課程當中，這樣孩子才能夠真正地學會它們。如果你對這個重要主題感興趣，我想推薦費迪南德·斯特伯納（Ferdinand Stebner）教授的研究，想必能夠提供有用的幫助。

第五章

設定目標

目標很重要

設定目標在職場上——至少在專業場合中——是再正常不過的事，不會有缺乏目標的會議，也不會有缺乏目標的計畫。這就表示，設定目標是有用的。

我們現在可以從許多心理學研究中得知目標有多麼重要、目標可以讓工作變得多麼順暢，另外當我們心中有個引導指南時，又是多麼地有幫助。我猜想，多數讀者應該都已經為自己的職涯及／或私人生活訂定長期目標了，而且也曾經在年終時感到歡欣、驚訝：「哇，我全部都達成了耶！這些事情在一年前甚至還覺得無法想像。」

在過去這幾年來，我自己每一年都會做這件事：跟我先生一起坐下來，回顧前一年設定的目標、慶祝我們成功達成的事，並為新的一年設定目標、將它們寫下來。讓自己停下來思索是很重要的一步：我在接下來的幾天、幾週、幾個月內想要專注於什麼？什麼事情對我而言非常重要？我想要在我（或我們）的生活裡的不同領域中達成哪些東西？

即使目標導向模式如此不證自明，學校中幾乎看不到它的蹤影。我非常少看見老師會在課堂的一開始告訴學生該堂課的目標。雖然現在已經有一些師資培訓研討會提到這一點，但整體而言仍極度罕見。

我個人覺得，在學生完全不知道實際課堂目標的情況之下，卻期待他們坐在那裡聽課、配合四十五至九十分鐘，那幾乎算是對學生的不尊重。在職場上沒有人會這麼做，我認為闡明目標這件事在課堂上更是重要，我向來都是這麼做的。

例如我會在課堂一開始，在白板上寫下：「今日目標：認識畢氏定理，並能夠重新建構公式。」

孩子看到這句話的時候，或許會說：「噢，天啊，我做不到啦！」因為他們還沒有聽過畢氏定理，那我就會回答：「對，你們現在還做不到，但我會跟你們解釋。我手上有超多不同的練習，所以我很確定，如果你們有認真的話，等到這堂課結束的時候，至少可以達成部分的目標。現在呢，就讓我們給自己一個機會，來試試看吧。」

目標檢查

九十分鐘的課堂結束之後，我一定會進行目標檢查。我會請學生走到白板前、拿一支筆，然後在目標下方畫圖。事實上，全班學生都得在下課之前，走到教室前方、快速留下一個小塗鴉。而每個孩子必須依照各自的學習進度，從以下四種圖案中挑一種來畫，以反映學習狀況：

- 一根小芽苗加一片葉子，代表：「我知道大致的概念了。」
- 一株小植物加兩片葉子，代表：「我已經把很多內容都搞懂了。」
- 一朵盛開的花加葉子，代表：「我已經相當有把握了。」
- 一棵小樹，代表：「我已經完全瞭解並熟悉內容了。」

從老師的角度來看，我可以從中獲得理想的回饋，因為我可以看到：多少孩子已經達到小樹的程度？多少孩子仍在芽苗？有誰、有多少人已經達成課堂目標了？藉此，我就能很清楚地出道該如何安排下一堂課的內容。另一方面，班上的孩子也可以練習自我評量——這很重要。根據經驗，有些學生常常會高估自己，而有些學生則會低估自己。我很常被問應該如何處理這個問題——唯一的方法就是經常將自己與他人的認知相互比較。

我深信，如果我們設定目標、朝向目標努力，然後在沒有壓力的情況下回顧、檢查自己距離目標有多近了或仍有多遠，到最後工作與學習的速度就能明顯變快，成效也能提升。但我無法證明這件事，因為我當然不會知道，如果我**沒有**在課堂上訂定目標會變成怎樣。不過，我個人從來不會在沒有目標的情況下做事，甚至連講電話，每次都一定會先設定清楚的對談目標才行。

當然啦，我也注意到，上過我的課的學生都非常感謝我為他們設定目標——目標能夠提供導向與結構，而導向與結構是學習中兩項很基本的要求（稍後會再詳細討論）。唯有滿足這些基本要求，才可以達到良好的學習。

如果你想知道這麼做究竟會不會跟我的經驗相符的話，唯一的辦法就是自己親自嘗試，並自己回顧、檢查這個方法是否奏效。你也可以採用不同方法建構適合自己的設定目標方式。

PPP模式

這個縮寫所代表的是：「人性」（Persönlich）、「現在」（Präsens）與「正向」（Positiv）。以這種模式訂定的目標顯得比較有吸引力，也因此比較好。舉例來說，有個孩子決定想要「寫作文的能力」，但這項目標的構句缺乏人性；比較有吸引力與人性的構句方式是：「我能夠寫作文。」這兩句話光是用讀的，就能注意到其影響力之間的差異。

若將「我將能說英文」作為目標，雖然這句話的文法正確，但它的渲染力並不高，因為它的構句是遙遠的未來式。比較好的構句時態是具有即時意味的現在式，也就是第二個P，例如：「我英文說得很好。」感覺好像孩子已經達成目標了。

最後是代表「正向」的P。我們的大腦不太會處理否定句型，所以以否定方式構句的目標效果很弱，例如：「我希望在算分數式的時候，不要再算錯這麼多了。」比較有力的說法是：「我在算分數式的時候，都算出正解。」

現在，距離有效的目標設定只差「目標的可測量性」了。這一點極為重要，否則我們甚至不會知道自己究竟有沒有達成目標。針對這項討論，我們也有一個著名的縮寫，也就是英文的「聰明」（smart），基本上就是建議我們訂定**聰明**的目標。

訂立聰明的目標

「Smart」的每一個字母各別代表一項「目標」必備的屬性：s是「具體」（spezifisch）、m是「可測量」（messbar）、a是「具吸引力」（attraktiv）、r是「切合實際」（realistisch），而t是「具時效性」（terminiert）。

讓我們先從代表**具體**的s開始：我確切想要達成什麼？例如「我就是必須多讀一點書！」就是一個不具體、成效因此不大的目標。它實在太模糊了，可以意指任何事，同時可能也沒有任何意義。具體的說法會是：「我每天要讀數學X分鐘。」

接著來看代表**可測量**的m：我能如何測量目標呢？我設定的目標不會是「我的數學進步了」，而是「我數學拿到B」。

現在，讓我們來看代表**具吸引力**的a：目標看起來是否合理、所以值得我努力追求？與其說「我學會更多單字」，改說：「我每天都學會五個單字。」因為「更多單字」容易令人覺得難以負荷，所以不太想去做。但如果每天「只有」五個單字要背，就會是一個具有吸引力的目標，大家都有信心自己辦得到。讓孩子覺得目標合理、與自身相關，非常重要——他們何必追隨不吸引人的目標呢？所以，用最清楚的方式解釋為什麼他們應該去做或達成某一件特定的事，十分重要。如果孩子無法對某項目標產生認同，那我們大概就能知道，他們有很高的機率不會達成該目標。

再來談談代表**切合實際**的r：我實際上可以將什麼東西及多少東西融入日常生活當中？正因如此，不要去想「每天背三十個單字」，只要五個就好。設定可達成的目標很重要。舉例來說，假如有個孩子已經好幾週沒做家庭作業了，那說「從現在開始，我每天要讀三小時的書」就完全不切實際——要他馬上這麼做，實在太多了。同樣地，我們沒辦法每天背三十個單字，或是每天讀整整一小時的數學。

最後是代表**具時效性**的t：我想要在什麼時候之前達成目標？在處理那些涉及特定學習進度的目標時，這一項準則尤其重要，例如：「我在八月十二日之前會寫完研究論文。」面對這種情況時，真的很值得我們設定一個確切日期，或如果是每日型目標的話，就設定一個確切時間。期限會自然而然地導出迫切性。我們大家都很清楚，如果我們有無限多的時間，那我們就會花上無限多的時間完成任務。但如果我們「只有」一週的時間，那我們就比較有可能在下週之前達成目標（詳見第四章關於拖延症的討論）。

總體目標和中期目標

我經常跟孩子一起設定目標。例如有個孩子設定的目標是：「我能用畢氏定理運算。」這時候，我會將這項總體目標切成幾項較小、慢慢導向大目標的中期目標——想要達成這項大目標的話，熟悉指數與根式運算、能夠正確辨讀三角形（亦即說出斜邊、鄰邊、對邊等名稱）等，都很重要。

接著，我會向孩子表明：這個是我們的大目標、這些是我們的小目標，我們先把它們寫在便利貼上，再貼到牆壁上標示著「還沒達成」的黃色海報上。另外，牆壁中間也掛上標示著「進行中」的粉紅色海報，右邊則是標示「已達成」的藍色海報。

然後，我們每天都會藉此來跟設定好的目標互相比較看看：啊，對，我現在對平方根計算很有把握了，所以我就把它的便利貼從粉紅色海報移到藍色那邊；現在可以換下一個小目標，努力將它從黃色移到粉紅色。依此類推，我們持續這麼做，直到把全部小目標皆達成為止，而到了那個時候，大目標就也能順勢完成了。

有時候，我們沒辦法很簡單地確定自己究竟是否達成目標，因為有很多事總是能夠再做得稍微再更好一點嘛，這就是為什麼我一直採用「植物」的比喻（見上文）——我們在便利貼的底部畫上符合目前學習進度的符號，從只有一片葉子的小芽苗一路到長大茁壯的樹。這個做法也能使當下的目標達成狀態顯得一目瞭然。

總結：立一目標，好處多多

一般而言，我能說：目標對於許多事情皆助益多多。當我們心底有個目標的時候，在工作時能夠更加專注於目標任務。因為有了目標之後，我們就會知道過程中的每一步、每一項活動，以及中期目標將對什麼東西有所助益，也會清楚知道它們將導向什麼結果。

當我們朝著一個值得努力的目標邁進時，我們在遇到困境時會更願意付出努力。而當孩子有了建構良好的目標時，他們也能確切地知道我們會期待他們做出哪些表現。有鑑於此，即使他們可能無法隨時都清楚自己**此時此刻**在做什麼，但因為他們腦中已經有一個總體目標了，他們就能夠更加投入。

尤其當我們遇上艱困、崎嶇的道路時，腦海中浮現美麗目的地會讓一切困境變得更容易面對。總之，不論如何，這肯定比艱困緩慢地前行、或許不小心扭到腳，或者暗自質疑為什麼要自找麻煩、挑一條艱困的路徑，都來得更好。

第六章
讓強項變得更強

專注之處得以茁壯

正如我前面所強調過的，我相信成功學習的一個核心面向就是讓強項變得更強。關於這個主題，英文裡有一句很棒的俗語：「有灌溉才有收穫。」（What you water, grows.）你在哪裡灌溉，那裡的種子就會因此成長茁壯。

我知道，這句話聽起來有點像印在月曆上的那種老生常談，但它當然可沒有這麼簡單。事實上，你很快就會發現它其中蘊藏了許多真諦。而在我看來，這份真諦在學校並未獲得足夠的討論。相反地，根據我的個人經驗，我們的教育體制側重於三個焦點：

I. 知識傳遞

II. 比較

III. 聚焦於錯誤與弱點（這一點需要予以修正）

我認為，這其中缺失了一個更加重要的焦點，那就是：更加仔細地審視孩子、嘗試發掘這一個獨特的個體在哪些地方能帶出獨特的強項，並且幫助孩子去認識、瞭解這些強項，尤其是如何運用並持續精進它們。我個人認為，這是我們必須帶入學校場域的一個核心焦點。

學校確實可以、也應該糾正孩子的錯誤，但前提是，我們同時也要告訴孩子他們擅長做什麼、在哪些地方表現特別出色。唯有如此，我才能在讓孩子保有自尊的情況下討論他們的錯誤。

如果我們不這麼做的話，孩子只會一直不斷地經歷這種情境：我做作業、填滿考試卷、繳交寫好的功課，然後唯一得到的回饋是寫錯、被圈起來的地方。對啦，有時候也會有「寫對」、被打勾的地方，或是「很棒」等評語，但通常最多只會看到打勾而已，更多重點都放在那份作業中寫錯的三至十五個地方。很多孩子拿回改好的作業、看到這種情況時，會想說：「我其實根本什麼都不會……或至少沒有什麼特別拿手的東西。」

學校一直一而再、再而三地測驗一套非常特定的知識與能力，包括閱讀、寫作、理解題目、快速理解，抑或是寫出老師期望的答案的能力。這些確實都是很棒、也相當重要的能力，我不想要隱藏這一點，但我覺得這個現象本身是一大問題。

當一個孩子具備上述能力時，他們會不斷獲得鼓勵，像是得到優良成績。換句話說，這些強項獲得獎賞，或是套用前面引用的俗語——被「灌溉」而更加茁壯。但可惜的是，這些能力不見得會對孩子往後的人生或職涯帶來助益。

真實人生中重要的事

在往後的人生或職涯中，實在很少會遇到跟考試類似的情境——必須針對特定的題目、於特定的時限內給出特定的答案。到時候，更加必要的能力將會變得完全不一樣，尤其是學校甚至不見得會提倡、「灌溉」的能力，像是創造力、解決問題的能力、團隊合作技能、自我組織等——這裡我還只是隨手舉一些例子而已。

讓我們來試想一下一個身懷絕佳社交能力的孩子。這個孩子對於自己的班級有正向的感受、看得出來哪個同學遇到困難、為別人挺身而出、具備強烈的正義感、有條理但或許動作稍嫌慢了點，而且擁有一個非常獨特的笑容，所以有他在的時候總能讓人覺得很自在。

我可以為這個孩子想出多種職涯可能性，而且是我們的社會迫切需要的職位，甚至連數位化都不可能將他取代。世界上絕對沒有任何機器人能夠成功取代具備上述這些強項的人。

這個孩子長大成人之後可以在五星級飯店的接待櫃檯擔任管理職務，並完美地掌握全局以確保上千位旅客感到舒服、賓至如歸。他可以管理大規模的幼稚園及其內部的許多團隊分支，也可以在醫院工作或擔任護理長。這些可能性全都能歸功於他的出色強項，但學校並不會表彰這些能力，頂多在「群育」得到不錯的成績（如果有這個評分項目的話）。這正是問題所在。現在，我們試著將問題加劇——讓我們繼續看下去，如果學校持續加劇這個問題，會發生什麼事。

試想，同一個孩子有讀寫障礙或數學學習障礙的情況，又或者單純在理解學校課程內容時遇到困境。

於是，令人難過的是，這個孩子會經歷好幾年的時間覺得自己只會犯錯，什麼東西都不會、什麼事情都辦不到。他會從這般悲劇性的學校表現成果中導出自我價值，再也無法發掘自己身上具備的其他優秀、重要的特質。我深信，當我們無法跳脫物理科成績來向孩子指出他們究竟有多棒、他們的強項多麼有價值時，我們所導向的結果就是巨大的人才及社會損失。

我的願望是，每個孩子在完成學業、離開學校時，都能對自己有紮實的信心。可惜的是，就目前的現況來看，這件事只有可能會發生在那些具備本段開頭所描述的學術能力、並因此獲得良好成績的孩子身上。

以長處補足弱點

加強強項的另一個更重要的原因，在於可以利用某一項長處來補足某一個（或更多）弱點的可能性。學習治療師海爾加．布魯寧格（Helga Breuninger）博士平常處理的個案中就有一個例子。首先，海爾加手上總是會有一些難度非常高的案例，例如拒絕上學的孩子，有些可能單純只是干擾課堂、有些會出現暴力行為或甚至乾脆連學校都不去了。而這些青少年或年紀更小的孩子，全都是被學校老師放棄的對象。提姆（Tim，非本名）就是其中一例，他當時已經四年級了，但仍無法閱讀，這讓他的母親非常煩惱。當海爾加問她兒子喜歡做什麼時，她表示：「他喜歡打桌球。」那正是提姆的一項長處了。於是，海爾加在一開始的前兩小時內，只跟他打桌球。想當然耳，提姆完全拒絕與海爾加對話，但他依然享受與她打桌球的經驗，而且他打得相當好！

由於他桌球打得很好，他很快就發現海爾加的弱點在於反手擊球。此時，他會做什麼呢？機靈如他，提姆開始主攻對手的反手擊球，而想當然耳，他很快就能一直得分。

過了一段時間之後，海爾加中斷比賽，向提姆說明他精確地辨認出她的弱點，並依此調整自己的打球方式。她告訴提姆，他的做法有多麼聰明。沒錯，她對眼前這位在過去幾年間只聽過自己哪裡做錯、什麼做不好的孩子這麼說。她是第一個向提姆清楚指明、解釋他哪裡做得「很棒」的人，而且她更補充道：「我們可以運用你的這項能力來幫助你學會閱讀和算數。」這就是海爾加常用的手法：她使孩子「做得到的事」覺醒，並將「把這份才華套用至不同脈絡」的可能性攤在他們眼前。

不可諱言地，有時候我們必須挖得非常深才有辦法找出一項長處，但其實幾乎都一定找得到。如果你願意採取這條途徑，就會發現，當我們——也正因為我們——不再試著糾正弱點、而是將重點放於長處時，成功將以出乎意料的速度降臨。這正是為什麼認識並順應孩子的強項如此重要。唯有當孩子意識到自己的強項時，他們才有辦法匯聚力量以面對挑戰。

你有什麼優點？

當我剛接觸到新的青少年或年紀更小的孩子，或是剛接到新的班級時，我的第一批問題中都一定會有這一句：你有哪些優點？

至今，我仍未遇過任何孩子可以馬上指出自己的長處，不論年紀或在校年級為何都一樣。有時候，過了一段時間之後，我會聽到有人猶疑地說：「我其實滿會做……的。」

在我看來，孩子無法指認出自己的長處，這是我們教育體制（某種程度上也是親職教養）當中的一大缺失。孩子去學校讀了好幾年的書、背誦了無數的瑣碎資訊，但仍無法信手捻來、為自己列出十項優點——這是個弱點。這也是為什麼我會在第一堂課的時候發給孩子：「我的優點清單：從A到Z」。

我會請孩子們先把整張清單讀過一遍，拿鉛筆將他們認為自己所具備的優點下方畫底線。接著，讓他們跟坐在隔壁的同學或其他朋友互相交換清單，並請對方將他們覺得符合清單主人、但沒被畫到的優點也一一標出來。

課後，孩子們再將經手過兩次的清單帶回家給爸媽，讓爸媽也將他們在自己孩子身上看到的優點畫起來。如果孩子也能把清單拿給運動教練或自己最喜歡的老師補充標記，那更棒。這樣一來，孩子很快

我的優點清單 2

A 考慮周全、小心機警、心胸開闊、堅持不懈、真誠待人、熱愛冒險、細心體貼、樂觀向上、適應力強

B 腳踏實地、魅力四射、具察覺力、果斷堅定、始終如一、謙遜、韌性強、一絲不苟、沉著克制、堅持不懈、充滿熱情

C 充滿個人魅力、可愛迷人、伶俐、很酷

D 遵守紀律、有耐力、自信堅定

---

2 譯注：作者列出以各字母為首的形容詞。

E

誠實、善感、有效率、精力充沛、想像力豐富、優雅、有同理心、盡心盡力、獨立、具創造力、從容泰然、認真、鼓舞人心、有實驗精神

F

心思細膩、思考跳脫框架、直言不諱、關懷他人、有彈性、細膩、公平、開朗、勇敢無畏

G

好客、有教養、有耐心、情感豐沛、具神秘感、機智、穩重、直率、公正、具備傑出技能、樂於社交、良善、慷慨、嚴謹

H

快樂、溫暖、樂於助人、專心致志、幽默

I

直覺敏銳、富有創新精神、充滿點子、全力以赴、激勵人心、有知識、擅於倡議

K

外向、強大、有創意、擅於溝通、坦蕩好懂、聰明、好鬥、具批判性、具邏輯性

L

活潑、滿腔熱情、滿懷愛心、隨性、無憂無慮、風趣、忠誠、願意學習

M

具音樂天賦、勇敢、富有同情心、充滿動機

N

自然不造作、寬容、深思熟慮、熱愛大自然

O

坦率直爽、樂觀向上、有條不紊、思想開放、具組織能力

P

精確、務實、機靈、盡責、天馬行空

Q

活潑奔放

R

敢於冒險、實事求是、反應積極、鬼靈精怪、擅於省思、成熟、沉靜、體貼

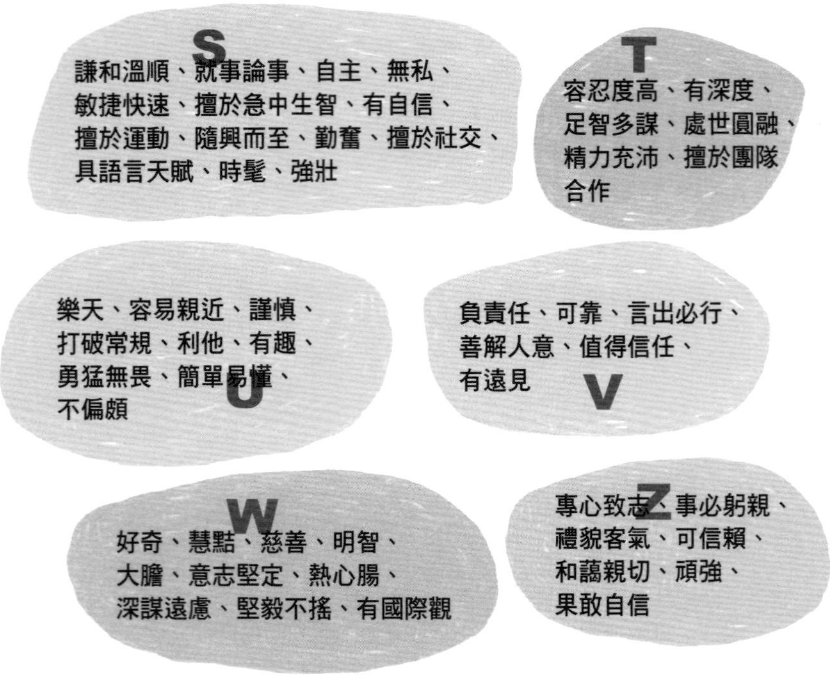

就能在短時間內整理出一張至少含有十至二十個項目的優點清單。

等到優點清單完成之後，我接下來會做一些不同的練習，像是讓青少年或年紀更小的孩子依據自己的優點，寫下：「我很勇敢又遵守紀律。我很穩重、我很……。」

另一個很棒的練習：先畫一顆太陽、在太陽中間貼上孩子的照片，然後在陽光光束上寫下孩子的個人優點，最後就會得到一顆「優點太陽」，你可以在我的Instagram頁面上看到許多不同的作品。我認識一些老師會在親師座談會上，邀請家長根據優點清單為自己的孩子畫一顆優點太陽。

會後，老師將蒐集起來的太陽掛在教室牆上。隔天，當孩子進到教室、看到牆上貼滿了關於自己的優點太陽時，他們的眼睛都會一一亮了起來。即使糾正錯誤、成績差勁等事件仍會在這間教室中持續發生，但大家都可以清楚、明瞭地看到牆上所傳達的訊息：這裡的每一個孩子還是有許多其他優點的喔。

有灌溉才有收穫

我的期望是，每一個孩子能因為這類練習、遲早可以列出自己的個人優點。這又將我們帶回最前面引用的俗語：「有灌溉才有收穫。」

唯有當我們「意識到」自己的強項時，我們才有可能使這些強項繼續精進，並拿它們來補足弱點。而且，比起在學校裡花了十三年的時間、於十五個不同科目中維持平庸的表現，在最開始就認識自己的強項、並加以發展，怎麼看都顯得合理許多嘛。

此時，容我再次建議家長：如果孩子在拉丁文科目上的表現不好、但數學不錯，那他需要的是數學家教！因為，到頭來，如果孩子打從一開始就特別努力精進他的數學強項，那他未來將能夠變得多麼傑出啊！

試想：如果我們經年累月地不斷鼓勵孩子發展這方面的長處，而不是每次在他數學科目取得好成績時感到開心、卻又同時視之為理所當然地說：「好的，你的數學很好，很棒，但可惜你的拉丁文還是不及格啊！」如果我們忍住不要這麼做，而是打從一開始就鼓勵他們發展數學長才，這個孩子將來究竟能做出什麼成就呢？成為數學教授？火箭科學家？

舉例來說，在巴伐利亞邦，如果有兩科不及格，不論是哪兩科，都會被留級。意思就是，如果一個孩子的數學成績是Ａ、物理是Ａ、化學是Ａ、生物也是Ａ，但是拉丁文跟音樂科不及格，那他就必須重讀同一個年級，即使他往後搞不好能成為物理、生物、化學或數學領域的諾貝爾獎得主也一樣。這很不可理喻，尤其因為這個天賦異稟的孩子已經形成了「我是留級生！」的自我形象了。

在我看來，更深層的問題在於這種做法向孩子傳遞的訊息——這種負面訊息經年累月地不斷重複，聚焦於一個人的弱點，同時忽略了他的強項。我們可以試著回想自己的童年——我們大家小時候都經歷過類似的情況。

或許我們很幸運地終究在後來的教育與職業生涯中得以認識、發展自己的長處，但也有許多人出來分享過，這條探索自身強項、進一步培養自信的道路到底有多麼地顛簸。

關於我的論點還有另一個證據，那就是在大家畢業數年後、或甚至數十年後的同學會上，我們一而再、再而三地體悟到，當初成績最好的學生不見得就是日後於人生中或職場上最成功的人。因此，我最想表達的訊息是：專注於孩子的強項吧！讓你自己和你家孩子都能持續地意識到他們的強項。雙方應該一起攜手發掘孩子的長處，而且你們在發展強項上所投入的時間、精力與注意力，必須至少等同於投注給糾正錯誤、加強弱點等方面的努力才行。

聖誕老人捎來的信

「聖誕老人捎來的信」是另一個探索、發展孩子個人強項的好方法。你可能有聽過收到聖誕老人的信的古老習俗，我相信它起源於德國南部。

傳統上，這封信會如實地將孩子於過去一年內所做的好事與壞事一一列出來。不過，我覺得「聖誕老人捎來的信」提供我們一個很棒的機會，將焦點轉移至別的東西上。

因為，我能向你保證，孩子絕對知道他們自己犯過什麼錯。他們已經夠常聽到這些資訊、也聽得夠久了，不管走到哪都會聽到，尤其常在公開場合中，然後現在聖誕老人又要跟他們說這些。這可能會讓孩子覺得非常受傷、受辱。不過，他們卻不常聽到自己到底做對了些什麼，因為實在太少人會跟他們提到這一方面，他們的長處實在太少機會可以獲得「灌溉」了。

當大人在撰寫「聖誕老人捎來的信」時，有一個非常關鍵的點：為孩子抽象的優點提供具體的相關實例。像是「勇敢」到底代表什麼？這個詞實在太抽象了，必須變得更加具體才行。有了具體描述之後，即使是年紀非常小的孩子也能學會想像「具備傑出技能」與「激勵人心」等詞彙所指的究竟為何。因此，我會用這種方法寫信：「當你在……（插入情境或事件）時，我發現你很……（插入優點）。」

以下我舉兩個例子：「當你在做美術勞作時，你滿滿的點子總是讓我感到驚豔。你從來不會只按照範本去做，總會試著再進一步做得更多，所以總能做出獨特的創作。」或者：「當你弟弟生病的時候，我們必須常常待在醫院、留下你自己一個人。

那也讓我發現你有多麼地盡責，你能把自己的事都照顧得很好，我可以非常放心地仰賴你。」

我給家長的小建議是，每次都先寫出十個優點，再針對每個優點各別想出一個孩子曾經展現該優點的情境，接著使用上述範例的句型來撰寫聖誕老人的信。你可以在我的 Instagram 帳號中找到許多很棒的例子。

這種信當然也能成為別具意義的生日禮物。或許我們甚至可以把這項活動變成傳統？邀請所有來參加慶生派對的人都各寫一封優點信給壽星？

另一個方法：溫水浴

「溫水浴」方法在團體情境中效果特別好：先從團體中挑出一個人，而其他人接著以正向的句子來講述這個人的優點、以讚美來「沐浴」他，例如：「你很有運動細胞」、「你很公正、有同理心、很酷……」等。

我有一個在當老師的朋友，她會帶一支真的蓮蓬頭到教室。每當哪個孩子生日時，她就會讓壽星坐在教室中間、另外請一個人將蓮蓬頭舉在他頭上，然後剩下的其他孩子開始用溫暖的言語替壽星洗「溫水浴」。多棒的儀式啊！

總結：每一個孩子都有強項

不管孩子的在校表現如何，他們都必須知道自己的強項為何。這一點極為重要，因為**每一個**孩子都有強項！我非常確定。

家長應該有意識地審視孩子的強項，並清楚知道，不管孩子的在校成績如何，這些技能組合都能讓他們往後有個成功的（職業）生涯。但前提是孩子必須相信自己、相信自己的優點，否則孩子在完成學業之後只會覺得自己什麼都不會——這種情況實在太常發生了，而且這種想法所帶來的破壞效果，甚至比某些科目成績很差來得嚴重許多。

第七章
論家庭作業

家庭作業等於侵入私人土地

這個標題可能聽起來很粗暴，但不幸的是，這就是許多家庭所面臨的現實——家庭作業引起爭吵、壓力與憤怒，造成大家鬧脾氣、暴怒或流淚。它們讓家庭和諧陷入不穩定的局勢。

家庭作業具備一些本質上的問題。第一個問題是，它們將學習過程中的練習時間從學校移轉至家中。

讓我們更仔細地來看這件事：首先，學校教了學習內容與知識，並讓學生在學校稍微練習一下這些新學到的知識，但卻沒有充分地練習到他們之後可以隨時重新練習的程度，反而這項核心任務被轉移至居家場域內。我深信，如果要真正達成學習目標，也就是能夠精熟內容、有自信地將學習內容加以應用，那這些練習時間會比知識傳遞的過程本身來得更加重要許多。因此，我反對將如此重要至極的部分搬到放學回家後。

自我練習時間或有人監督的練習活動，都比考試或知識驗收來得更加重要。不過，學校卻將絕大部分的時間花在後者上，分配給關鍵練習的時間實在太少了。這邊的脈絡很容易理解：好比說，我在課堂上聽到某個東西，我聽得懂、我覺得很合理。然後，我在吃晚餐的時候或許還能把它拿出來討論，但我同時也一定會注意到，自己已經沒辦法把內容記得那麼清楚了。再過幾天之後，我就幾乎再也記不得任何細節了。

這正意味著，我們並不單只藉由「知識傳遞」進行學習，而是透過應用與再製，也就是將學習內容加以再製的過程。如果我們在接下來幾天或幾週的時間內成功再製的話，我們才能真的說自己學會那樣東西了，否則，除此之外都只流於短期記憶。

這就是為什麼練習遠比純粹的知識傳遞過程來得更加重要。另一個原因是，只有在實際練習應用的時候，一些我們從未想過的問題才會開始浮現，因為在純粹的傳遞過程中，知識往往聽起來絕對合理、合邏輯。於是，唯有當我們在處理具體任務時，才會冒出問題。此外，我們在練習新事物的時候，難免都會犯錯。而比起課堂本身，我們能夠、也應該透過這種犯錯經驗學到更多，但為了達到這個效果，現場必須要有人能夠：一、勝任回答任何於過程中浮現的問題；二、辨識錯誤並以有建設性的方式予以處理。當兩者皆具備時，「學習」這件事就能運作得非常順利。

學數學是一個特別顯著的例子。許多青少年或年紀更小的孩子覺得這個科目尤其困難，雖然臨床上的確有「數學學習障礙」這種先天性的運算障礙，但在那些覺得數學很難的人當中，絕大多數只是單純缺乏練習。

那如果不在學校練習、而是回家練習，到底會怎樣呢？首先，這種做法相當不公平，因為光是要符合練習所需的先決條件，每個孩子遇到的情況就可能大相徑庭了——家裡有沒有安靜的空間能讓我不受干擾地練習？我有沒有足夠的時間？有人能夠激勵我練習、監督我、回答我所遇到的問題嗎？還是沒有呢？

有些孩子擁有以上所有資源，但也有很多孩子沒有。在疫情期間，無數的青少年或年紀更小的孩子在家不但沒有安靜的讀書地點，也可能長達數小時無法使用網路，更遑論有人能夠在家庭作業上提供他們幫助了。結果就是，他們在家上學的期間幾乎沒有學到任何東西，許多人甚至大幅退步。於是，這裡的結論顯而易見：家庭作業持續鞏固教育上的不平等。

不過，「必須在家做作業」並不是只會對那些家庭教育背景較為受限的孩子帶來問題。事實上，家庭作業單純不再適合現今的勞動世界。許多家庭的雙親皆擁有全職工作——這已經成為再正常不過的事——他們平日下午並沒有時間監督孩子寫作業。當家長必須工作到傍晚五點或更晚，下班後還得進行採買、準備晚餐，想當然耳，他們晚上就不會剩下太多體力、興趣跟精神，可以陪孩子準備地理科報告或乏味地背詩了——更別提那些負責輪班制工作的家長。此時，家庭作業就成了所有孩子的挑戰。

於是，家庭作業與讀書複習常常被推延至週末，偷走了重要的家庭時光與休息時間。從這個脈絡來看，孩子對於家庭作業的怨念與厭惡不斷滋長，還會令人感到奇怪嗎？（而且我們就老實說吧，家長自己也一樣。）那還剩下什麼呢？安親班。

安親課輔班的問題

許多雙親皆有全職工作的孩子會去安親課輔班寫作業，可惜的是許多安親班的品質並不合格。

我曾經在我的 Instagram 帳號上進行過一次調查，雖然結果可能仍無法代表什麼，但我的帳號有超過十五萬名追蹤者，樣本數也算是相當大了。我當時的提問是：「你們對於孩子上的安親課輔班有多滿意呢？」有百分之八十的回覆表示不滿意，原因在於，安親課輔班實在太常只流於安親照管的功能了。

立意良好但未受過訓練的人必須在一個空間內同時監督二十個孩子，他們常常沒辦法維持秩序，或是回答孩子提出的問題。在安親課輔班常見的情況是：孩子就在那裡坐到下課、和同學玩耍打鬧、隨隨便便地完成作業或抄隔壁同學的，並且因此疏忽了重要的練習。

我相當能夠理解孩子的行為，因為我很清楚許多安親課輔班的實際狀況。很可惜地，根據它們所提供的學習環境來看，只有少之又少的例子稱得上真正的安親課輔。其他國家都知道真正的全天制課輔班必須提供給學童哪些資源。首先是高品質的伙食，因為那些學校打從一開始就打算設計成全天的課程，所以就蓋了廚房與餐廳。但這在德國相當少見，因為德國大多數課輔班的建立年份，均落在學生會回家吃午餐的時代。

在真正的全天制課輔學校內，除了設備完善的餐廳之外，還會有安靜的教室、體育與音樂活動，以及最重要的——有能力在所有重要的練習時間內監督孩子的教職人員。

在德國，更常見的狀況反而是提供孩子加熱的外送餐食，並讓他們在不適合用餐的教室空間內吃飯。然後，他們再去庭院玩耍一下，之後再回教室坐個一個半小時寫作業。至於寫作業的規定常常是「先寫完的人可以先離開」，導致整個空間不斷地有人進進出出，根本沒有孩子能夠在這裡專心地寫作業，尤其因為他們當然會想要趕快走、去外面跟同學玩嘛。

於是，我的信箱就一直被絕望的家長來信塞爆，問我：「我該怎麼辦？我家小孩五點從安親課輔班回來，可是功課根本沒做！但他已經太累了，再也沒辦法集中注意力了，然後我們就會瘋狂吵架，作業常常會拖到晚上很晚才做。」我前面所說的「家庭作業等於侵入私人土地」至少在這裡總算獲得應驗了吧，這件事真的會造成一整家人的負擔。

學習程度未列入考量

另一種同樣常見的情況是，孩子下午沒有去安親課輔班，反而放學後直接回家，因為家長其中一方在家工作。但即便如此，爭執等各種誇張情節依然天天上演。

關於這種情形，其中一個原因在於，家庭作業常常不符合孩子的個別學習程度。因為在學習新東西的時候，停留於孩子當下的程度加以持續練習，這是非常關鍵的一環。唯有這樣才有辦法進入「心流」狀態（見第三章），在過程中所遇到的每個挑戰才會精確地切合孩子的能力。

所以說，如果孩子覺得家庭作業不好玩，那通常是因為它們過於困難或過於簡單，也就是它們不符合孩子當下的學習程度。光是孩子可能因為請了幾天的病假、錯過一些課程進度，就足以讓人覺得作業太難了。但即使沒有請假，每個孩子之間仍然會存在巨大的個別學習程度差異。這單純是因為每個孩子吸收、處理資訊的速度不一，可是我們的制度仍努力確保所有人都得以同樣的速度繼續學習，於是就會有孩子坐在太困難或太簡單的作業面前、默默對它們投降。

如果我們認真考慮一定得讓練習內容符合每一個學生的個別學習程度，那麼——容我直言——每一個老師就必須生出二十五份不同內容的作業。這是不可能的任務。不過，還是有些老師很努力地至少提供兩、三種不同內容的家庭作業，即所謂的「差異化教學」。但這種做法通常依然不夠用，我們就用一個的例子來解釋一下：

一位非常普通的三年級學童——我們叫她娜迪亞（Nadia）吧——得了猩紅熱，所以請假一個星期沒去學校。這一週德文科要教複合詞，也就是要練習如何以「兩個」單字構成**一個**單字的能力。舉例來說，「schreiben」（寫）加「Schrift」（字體）會變成「Schreibschrift」（書寫體），或是「Schule」（學校）加「Haus」（房子）會變成「Schulhaus」（校舍）。老實說，這不算什麼特別困難的主題，但在面對九歲的孩子時，仍必須清楚、透徹地解釋一番才行。所以，這一週的德文課程內容就是造複合詞，並讓學生理解其他文法規則，像是：新單字的冠詞由什麼來決定？課堂上也會練習把這些複合詞寫對、確保絕對不會出錯。

娜迪亞一週後康復了。她在生病的期間或許也耳聞了學校在教什麼內容，但因為她臥病在床，無法像其他同學那樣練習。現在，娜迪亞這星期回到學校的時候，功課就是用這些複合詞來造十個句子。娜迪亞該怎麼應付呢？要完成這項任務，得用上太多她還沒練習過的思考步驟，因此，不論這個孩子本身的智力或語言能力如何，就是讓她完全無法招架。那這時候會發生什麼事呢？

娜迪亞坐下來準備寫作業，她也努力了，但就是毫無進展。坐在她旁邊的家長覺得很煩，因為娜迪亞沒有趕快完成作業，而是「慢吞吞地寫」，於是家長開始說出

「趕快專心寫！」、「沒有這麼難吧！」或「你這裡就只需要……啊！」等句子。

而娜迪亞的反應是：這份作業看起來一點也不難，但我弄不懂……所以問題一定是我自己。如果孩子在這種情況下沒有獲得成長型思維模式取向的言語鼓勵（見第一、二章），他們很快就會得到「複合詞很難，我不會，我以後得離它們遠一點」這種結論。

放棄與厭惡的情境正是由此造就而成。如果我們考量到「一個人只能、也必須從他原本的立足點出發來進一步繼續學習」這項事實的話，那就能輕輕鬆鬆地避免這種情境發生。

我們必須將學習想像成一條長鏈。事實上，知識正是以一連串的形式儲存於我們的大腦中，大概是突觸與突觸之間的反應鏈的概念。如果我們漏掉當中的任一環節，就不可能串出鏈子了嘛。同樣地，如果我們漏掉學習鏈中的任一環節，就無法順利學習了。

但另一方面，我們的教職人員並沒有辦法在教學、備課的同時，顧及以上這一切考量——他們缺乏時間與資源。更重要的是，教職人員往往無法專心追求他們真正的核心責任——教學與知識傳遞——反而被大量行政性質為主的任務給分心了。

我們不該將這裡的討論理解成對於教職人員的批評，我想講的單純只是一個觀察：立意良好、甚至分配適切的家庭作業，常常不僅沒什麼用，甚至反而可能會造成傷害。

附注：
不同人的學習方式：烹飪與數學

有些人走去冰箱、拿出十樣食材、開始煮飯，然後一小時之後，就能將一頓好料端上桌了。他們完全沒有參照任何指示或食譜，全憑直覺烹飪。其他人打開同一座冰箱，心想：「啊，這裡完全沒有任何可以煮的東西！」但這些人絕對有辦法翻開食譜、閱讀食材、寫出購買清單、採買正確食材，然後跟著食譜的指示一步一步地照做，最後得出一道同等美味的佳餚。以上情節同樣能套用於數學。

對有些人而言，數學是很直覺的事，只要做某個東西給他們看過一次，從此之後，他們永遠都會知道要做什麼、該怎麼運算。把問題擺在他們眼前，他們看過一遍就能馬上知道可以用哪道數學公式解題。他們就是那些全憑直覺的「廚師」。那誰會當上數學老師呢？你覺得呢？正是這些全憑直覺的廚師啊，因為如果想要在德國當數學老師，必須去大學修那些正規數學系學生也得上的課程，而這通常只有打從一開始就覺得數學很簡單的人辦得到。

舉例來說，我可以將數學解釋得很清楚、讓許多孩子聽得懂，而就這一點來看，我是一個很棒的數學老師。但我連做夢都不會想去讀數學系，那我怎麼還能夠成功地傳遞知識呢？因為我本身屬於那種需要食譜的廚師，我是在花了很多時間參照食譜之後，才慢慢在某些特定數學領域內，將自己訓練成能夠憑藉直覺的廚師。許多孩子需要的數學課，其實是那種參照食譜煮飯的運作方式，並不是去冰箱裡看一看、就可以開始煮的那種。

不過，一般的數學課通常一開始都會先給一個類似這樣（往往很牽強）的問題：「馬克斯（Max）和依妲（Ida）想要計算拋物線狀噴泉的高度。」

接著就會引入一道公式，常常甚至是推導出來的，而我們正是在這一刻把那些需要食譜的廚師搞丟了。因為實在冒出太多問題了，他們只好放棄。在面對這些學生時，更合理的做法是直接告訴他們：「我們想要計算拋物線的最高點在哪裡，所以你需要以下『食材』——這些數值和這些公式。接著，你再套入那些數值、解出X（這個步驟也必須一步一步來，類似烹飪食譜的概念），然後你就會得到解答了。」

我保證，所有孩子都會很高興、很感激有這樣的路線圖，讓他們即使仍未深度理解運算過程或如何導出公式，依然有辦法開始進行運算。這些需要食譜的廚師有時候可能得依照同一道菜的食譜煮過二十次，才能終於眼睛發亮地抬頭說：「我『**現在**』懂了！」

因此，我基本上認為，我們亟需改革數學的教學法（謝天謝地，已經有些老師開始著手進行了）。

決定性關鍵

我們這裡在討論的主題其實是家庭作業沒錯，但這一小段附注很重要，能夠幫助我們理解為什麼家庭作業有時候會帶來如此巨大的傷害，尤其是數學作業——因為參照「食譜」煮飯的過程被移轉至放學回家後，並且落於業餘廚師手中，大多缺乏拆解詳盡的指示，也沒有循序漸進的錯誤控制機制。這些孩子早上在教室時，或許甚至仍覺得自己跟得上直覺式數學老師的解釋。可是，當他們在幾小時之後坐到自己的書桌邊、把課本翻開至第六十七頁，然後把第二題題目讀過一遍時，他們就只剩下滿頭問號了。而這並不是孩子的問題。

此時，這正是決定性的關鍵點——真正的學習及必要的數學練習起始的地方。數學尤其需要有人在任何情況下隨時監督，就像在星級餐廳內，主廚隨時在側、緊跟在學徒的背後監督，並在關鍵步驟中提供指引。這就是為什麼我是那些會指派回家功課的數位化學習軟體的忠實粉絲，這些軟體現在有辦法拆解出詳盡的小步驟，更重要的是，它們能夠辨認內容中所出現的錯誤。它們不會光只說「答錯」，甚至會針對內容提供回饋，像是「你忘了括號」或「指數規則應用錯誤」等。這些直接的回饋，讓孩子可以自己在家有效地練習算數學。我最喜歡的其中一個軟體是「betterMarks」（可惜從二〇二三年七月之後起，只開放給老師註冊，或必須透過學校註冊）。

要不然的話，孩子身旁會需要有一個人一步步提供循序漸進的引導，並向孩子示範數學題目解到這裡時究竟必須做什麼。如此一來，孩子才能真正開始練習，並在解了八道、十道題目之後，才真的能感受到一股成就感。不過，究竟是否有人能夠坐在孩子的身旁，這取決於大人的空閒時間，以及家長的知識與財務資源。而這就帶回了本章的開場：家庭作業鞏固了教育不平等。

我們早就該重新思考學校體制，以順應現代生活的實際情況。如果家長其中一方（通常是母親）因為瞭解到自己下午時段待在家中對孩子而言有多麼重要，包括輔導孩子寫功課等方面，而認為自己有義務待在家好幾年，或是至少只做兼職工作，這是不對的，尤其因為這種安排可行的前提必須是單一方的薪水足夠支撐全家人的生活。

而當有人確實能夠、也想要選擇這種家庭模式時，我有時候會聽到其他人使用貶義的言語來評論這些家長，好比「直升機父母」或「以前的孩子都可以自己來啊！」等。但真的是這樣嗎？

「以前的孩子都可以自己來啊！」

我相信這句陳述絕對是錯的。過去家庭作業缺乏輔導或相關資源不足的情況，同樣造成巨幅的學習落差，以及學生對特定科目的強烈厭惡，尤其是那些本質上就是需要密集練習的科目。過去與現在之間唯一的差別只在於：以前只有少數人對這件事感興趣。

因此，我必須讚許那些願意為孩子挺身、拒絕接受孩子在校表現失敗的家長，他們全心全意希望確保自己的孩子在學校能有良好表現、穩定進步。我知道，許多家長因為工作因素不可能做到這種地步，我也覺得相當惋惜。但殘酷的事實是：如果沒有家長陪讀、監督，實在很少孩子能夠順利自己完成家庭作業。如果我們光只聳聳肩說：「那就只是代表這些孩子不適合就讀文理中學！」這是不對的。

因為問題通常根本不在於孩子本身，反而單純只是起因於老師的（直覺式）教學方法、尚未處理或仍處理得不夠的學習落差，或者是孩子請了幾天的病假而需要緊急課業輔助。

如果你手中正拿著這本書，那我可以假設你有興趣知道該如何為孩子提供最佳的學習幫助。我在過去這幾年之間，針對家庭作業時間開發出不少方法，讓孩子能在最短的可能時間內完成作業，並達成最大的可能學習成效。這些都放在下一個章節進一步討論。

第八章
實際執行家庭作業

整個下午都被家庭作業偷走了

當我們談到學校時，家庭作業大概是最令人頭痛的主題了——孩子呻吟抱怨、家長陷入絕望、流眼淚、房門被重重甩上。我已經在上一個章節說過了——我反對家庭作業，我希望我們的孩子能夠擁有不一樣的學習概念。原因很簡單，這樣才能更臻於公平，也更能確保孩子成功學習。

一般來說，讓孩子學會在家自主讀書當然是一件好事，但我自己覺得那種情況比較適合套用在準備專案報告、口頭報告或自訂的「大型任務」上，而不是許多科目平常指派的小作業。這種作業常會讓人覺得老師只是為了出作業而出，並不是因為真的期望它們可以導向什麼關鍵性的學習成就。

不過，因為家庭作業現在是學校日常的一部分，也具備極大的潛力能夠激發挫折與衝突，所以我接下來想要詳細地討論它們。

基於不同學校、班級或聯邦州，到不同老師、孩子的年紀等因素，家庭作業的指派份量、孩子需要花多少時間完成作業（兩者不一定相關），都可能出現極大的差異。

每個孩子都非常不一樣。有些孩子能夠在短時間之內完成相對大量的功課，但大多數的孩子在做份量較大的作業時，也會需要較長的時間。另外也有些孩子即使只有少量作業，仍必須在書桌邊坐上好幾個鐘頭。

可以很快完成的少量功課並不構成問題。

至於如果作業份量過大，你可以試著直接跟老師討論，或是在親師座談會的時候拿出來講。

而我專攻的則是第三種情況：作業的份量其實可以合理負荷，也符合學生年齡，但孩子卻仍需要花很多時間寫功課，占據了一整個下午的時間。

值得花一些力氣去查一下你們邦對於家庭作業的規定，因為有些邦訂定了非常明確的法規，例如：北萊茵—西發里亞邦（Nordrhein-Westfalen）與下薩克森邦（Niedersachsen）不允許一、二年級學生每天花超過三十分鐘的時間寫作業。

因此，如果你覺得你家孩子已經有好一陣子被指派的作業量，超出一般一年級學生實際上能在半小時內掌握的份量，那我勢必會建議你跟其他家長一起去跟班導討論這件事。老師很可能無法隨時掌握他們的同事出了什麼作業（他們純粹沒有足夠的時間進行協調），所以即使各個科目的作業量不多，但最後疊加起來就會像山一樣高。老師收到這些回饋時，通常都會很感激，畢竟他們無法得知孩子在家裡廚房餐桌邊究竟發生什麼事。

如果孩子不斷重複經歷整個下午時間被家庭作業偷走的情境，那他們當然在短短幾個星期之後就會累積怨念。接著，這股怨念很快就會擴散至科目本身，並遍及整個學校場域。舉例來說，不適合的英文作業導致孩子完全對英文這個語言失去興趣，那實在是挺戲劇化的。

獨自解完數學作業其實會讓孩子覺得非常有趣，因為那會帶來莫大的滿足感（條件是內容難度符合孩子的學習程度）。可是，如果他們的朋友都已經出去街上踢足球了，他們卻要在這個時間點寫作業，那他們就不會享受到解題的樂趣。我希望大家可以從這個角度理解孩子的心思。

童年只有一次。所有還記得童年時光的人，絕對清楚知道在森林裡或操場上和別的小孩一起玩的經驗究竟有多麼重要，而相較之下，數學課本裡的愚蠢問題又有多麼不重要。

既然孩子其實本身就已經具備認真投入作業的潛能——靜心、精力與專注力——那麼，困難的地方便只剩下在下午或晚上找到正確的時間點寫作業了。說到這裡，就讓我們來看看我對於家庭作業的第一個務實建議：

關鍵第一步：讓孩子自己決定什麼時候想寫功課

你大概很熟悉自己小時候常聽到的這句話：「先讀書再玩樂。」或許在你還沒寫完功課之前，你的父母直接禁止你和朋友碰面。對於那些覺得功課很簡單、可以在十分鐘內輕鬆做完的孩子而言，這種禁令並不成問題。

但根據我的經驗，這種情況只適用於百分之三十至四十的學生身上。更適合剩下其他孩子的方式是：放學後好好地吃飯、放鬆、培養嗜好、與朋友碰面、吃晚餐，然後再花個半小時或一小時的時間坐下來寫功課。

我知道有些孩子如果被迫在吃完午餐後就直接開始寫作業的話，常常就得花上超過三小時的時間才能完成作業。但如果你允許他們在上學前、吃早餐的時候寫作業，他們突然就能夠在二十分鐘內順利寫完。

無可否認地，在下午趕快先寫完功課確實有其吸引力，因為之後就可以不用擔心作業的事、自由自在地放鬆與玩樂了。我想說的只是：每個孩子都有屬於他們各自正確的寫作業時間與地點。

我在這裡也有另一個目標，就是希望家長可以意識到，我們並沒有單一條規則能夠平等地套用至所有孩子身上，也沒有任何訣竅能夠在所有孩子身上皆發揮同樣的效用。

找出正確的寫作業時間

所以呢，如果你不確定午餐時段剛過的時間究竟適不適合你家孩子的話，你可以嘗試以下做法：第一週讓孩子在晚餐**前**寫功課，第二週在晚餐**後**或睡前，接著第三週讓孩子自由決定他們想要什麼時候寫功課。

有些家長很驚訝地發現，光是在這件重要的事情上給予孩子自主選擇的自由，就會有很多爭執的機會隨之煙消雲散。他們會驚訝地察覺，自家就讀二年級的女兒究竟多麼有責任心，能夠理想地安排下午和晚上的時間，順利地完成家庭作業。

現在就跟你家孩子一起決定正確的時間點吧。為了找出答案，你們應該一起討論並回答以下這些問題：

- 我今天有沒有辦法好好地專心？
- 我們今天為了家庭作業而爭執的次數是否有變少或變多？
- 這個寫作業的時間是否適合全家人的日常例行事項？
- 今天的家庭作業是否寫對比較多題、比較整齊有序？

透過這個方法，你在幾個星期之後就能對於整個情況有更佳的理解與掌握。即使你們最後發現，午餐過後確實是最適合你家孩子的寫作業時間，這個嘗試也能讓孩子更清楚這項事實，並更加願意配合。因為：第一，他們被允許自主決定；第二，他們會發現自己或許沒有辦法在晚上集中注意力。有些孩子也會發現，如果還有沒寫完的作業一直懸在那裡的話，他們其實並沒有辦法在下午的自由時間內全然放鬆、享受。

所以，結論是：對於其他非傳統的寫作業時間保持開放態度吧。花一個星期的時間嘗試不同的時段，然後跟孩子一起檢討成效，直到找出適合你和你家孩子的正確時間點為止。

嘗試後的結果也可能是每天都有不一樣的合適時間點，但坦白說我本身並不特別喜歡這個概念，因為我深信例行儀式與一連串固定動作的力量。如果沒有固定時程，家庭作業會消耗更多的力氣，因為每一次都必須重新克服自己，而且很容易拖延（「噢，我等一下再做。」詳見關於拖延的章節）。這就是為什麼我通常會建議大家跟孩子一起合作、訂出固定的寫作業時間。

關鍵第二步：設定「聽得見」的啟動訊號

現在假設，你和孩子一起測試、討論了幾個星期之後，同意每天下午兩點半開始寫功課。但即使如此，你家孩子真的會準時地在下午兩點半，把所有材料帶到書桌上、充滿動力地開始寫作業嗎？八成不會。

這種情況很快就會導致家長煩躁地跑去孩子房門口，費力地命令他們：「你到底要不要過來了？你必須寫功課啊！」

讓我們試著站在孩子的角度想想看吧，如果我們的另一半站在門口，面帶稍嫌煩躁的神情，要求我們去做一些我們覺得很難的任務，這時候**我們**真的會想過去嗎？我們大概不會有什麼興致吧，那孩子又為什麼必須做出不同的反應呢？如此嚴厲的「啟動鍵」可能會使接下來的作業時間陷入高度風險——光是這個行為本身，就已經先埋下了潛在爭執的種子了。所以，對我而言，好的開端尤其重要。那我們該如何創造好的開端呢？音樂就是一個不錯的例子。

開場曲

我建議選一首長度介於二至四分鐘的開場曲或歌，以活潑、歡快的音樂宣布寫作業時間開始。舉例來說，我自己會放《神鬼奇航》的電影主題曲（噠、噠、噠——噠——噠、噠、噠、噠——噠——）。每當這段音樂一下，基本上根本沒有人能夠坐好。

大家都能感受到那段音樂在空間中迴盪的力量。現在，是時候跟孩子一起練習：當音樂一下時，大家應該做什麼？我的做法是：再喝一杯水、或許去上個廁所，但不論如何，都得毫不猶豫地起身、準備好自己的東西（書、筆記、鉛筆盒、三角板與量角器等），然後到餐桌固定的位置坐下（稍後會討論到其他地點）。這裡的概念是將這個聲音訊號與儀式性地動作加以連結，並深植於孩子的腦中。

第一次執行的時候大概不會馬上成功——沒關係。重要的是，現在先不要陷入辯論（我們想要避免辯論），只需要再次起身，面帶微笑地說：「好的，我們現在再來試一次看看。」關鍵是將整件事視為有趣的挑戰，目標是教會孩子在最後一個音符結束的時候，他們就得坐在桌邊、準備好開始動手寫作業了。

即使你必須把同一首歌播放個五遍才總算成功也沒關係，我仍誠心地建議你嘗試看看，因為這首「開場曲」有力量改變你們的家庭生活——在聽了上百例家長的實證之後，我可以深信不移地這麼告訴你。例如其中一封來信寫道：「卡洛琳！我不知道該如何感謝你才好。多虧了開場曲，我們終於打破原本的僵局了。從那之後，我們總能準時地開始寫功課，沒有任何抱怨，而且完成的速度也快上許多。感謝、感謝、感謝你！」

開場曲播放清單

當然啦，《神鬼奇航》的主題曲不見得適合所有孩子、所有家庭，所以我跟

Instagram上的網友們一起創了一張「開場曲播放清單」。我參考了大家分享的上千首歌曲，整理出一張集結了超過六十首充滿活力、鼓舞士氣的歌曲，不論音樂品味如何、孩子年紀多大，都能找到適合你們的選項。在Spotify平台上搜尋我的名字，就可以找到這份歌單（另外還有「集中注意力播放清單」，稍後會詳細討論）。請跟孩子一起把歌單聽過一遍，再一起決定要用哪一首歌曲。

一旦孩子聽到鼓舞士氣的開場曲、坐到位置上之後，就是辦正事的時候了。此時的問題是：接下來要做什麼呢？

關鍵第三步：規劃寫作業時間的架構

好的，我們已經做完前兩個重要的關鍵步驟了：第一，我們找到適合的寫作業時間；第二，我們以一段固定的聲音訊號啟動作業時間，使家庭作業變得好玩、有趣。所以，現在來到第三個關鍵步驟：規劃作業時間的架構。

這個步驟首先包括瞭解手邊所有作業的整體概況，接著為它們建立出一個合理的順序，最後再為各項作業及整體寫作業時間分別設定執行時段。我們可以看看以下例子：

孩子翻開聯絡簿，把家庭作業清單讀過一遍：必須完成一份德文學習單、重寫通識課作業本的其中一頁、解出數學課本第七十九頁第二、三及四題（寫在數學作業簿內），並在宗教課本內完成一張畫。另外還有一些跟這些家庭作業無關的任務，例如為即將到來的聽寫或背誦小考複習單字表。

算一下，總共有五項作業。好的，現在我們已經掌握今日作業的整體概況了，那接下來呢？

如果把這五項作業分開來看，每一項作業本身應該不算太難。但對一個孩子而言，全部加總在一起，看起來就像一座無法攀登的大山。

身為家長，你的工作並不是將孩子背上山，而是將這趟登山行程劃分成一小段、一小段合理的階段任務與休息時間，好讓孩子能夠順利獨自登頂。這項工作並沒有那麼直覺，許多家長會問我，他們到底該不該在孩子寫作業時出手幫助，或者該幫他們到幾歲、幾年級。

針對第一個問題，我的回答是：完全取決於幫助的方法。至於第二題，我會說：你要幫到什麼時候，得根據你家孩子的需求。這個答案想必跟你在外面常聽到的建議天差地遠，例如：「孩子上了四年級之後，就必須有辦法自己寫作業！家長最晚必須在那個時候停止出手幫忙。」每次我聽到這類的話，都只能無奈地笑笑。

這就好像有些家長只因為「小孩到這個年紀必須能夠自己走路了」，而準備把嬰兒車賣掉。有些孩子打從第一天就有辦法獨自完成家庭作業，如果你家孩子屬於這種案例的話，那我自然會建議家長絕對不准出手干預。

拜託不要出手干預！

許多家長內心暗自對於開學期待不已，因為他們超級想要再次畫畫、再次超級整齊地寫字，或是解開超級簡單的數學題目。尤其像我們這種對於過往學校時光懷抱著美好回憶的人，會將自家孩子的學校經驗當成一種「文藝復興」，超級享受幫孩子做美術課勞作、把所有東西一一剪下來，然後再將它們整齊地好好貼上。

不過，如果你家孩子能夠獨立、負責地獨自完成家庭作業——即使你可能不會很喜歡這個想法——我會強烈建議你不論如何都得忍住、避免出手干預。

從孩子的角度來看，你光是站在他們背後傾身靠近、指出他們作業簿內的某一個錯誤，就算是干預了。又或者抽走孩子手上的鉛筆、為他們快速示範更好的寫法，或是不斷重複問孩子到底有沒有正確地算出X和Y，這些也都算。

有時候，光是這種小小的干預，就足以讓孩子覺得：「啊，到頭來，那根本不是我的作業嘛，而是媽媽／爸爸的責任，所以我根本不需要再多做什麼了，大可以舒舒服服地坐在那裡放鬆就好。」

因此，請盡全力避免出手干預，因為如果你的草率干預很容易就會危及到你家孩子寶貴的獨立性，甚至可能使他們喪失這項特質。總之，不論孩子可以依靠自己、出自自身力量做些什麼，這些事全都該歸於他們自己的管轄範圍，也只隸屬於他們本身。

不過，既然你現在正在讀這本書，那你家的孩子應該有很高的機率不屬於那種「自動自發」的類型。而這並不是什麼大問題，因為這跟你家孩子未來可能會變成怎樣其實毫無關係。

身為家長的我們，在觀察自家孩子和他們現階段的問題時——或更確切來說，他們目前的發展階段——往往會不小心往前多跳了十步，擔心孩子再這樣下去，到底有沒有辦法通過高中畢業考試或其他學歷資格測驗。

至今，我已經跟孩子一起工作十八個年頭了，所以以前教過的十歲孩子，現在已經二十八歲了。因此，我有辦法預測那些「根本沒辦法自己寫功課、對拼字完全一竅不通、無法乖乖坐好，甚至還會把一切搞砸」的五年級學生，未來可能變成什麼模樣。

我可以向你保證：他們全都會沒事的。即使我自己曾經對一位學生心存懷疑，因為他在六年級時有八科不及格、兩科死當，進度落後到連留級重讀也沒用，但是，他到最後仍舊順利通過高中畢業考試（成績沒有特別好，但總之通過了），並完成大學設計學位。如今，他是一位非常成功的產品設計師。

所以呢，如果你家孩子目前正在學校課業與自我管理方面苦苦掙扎，這是我的深情建議：這不見得會預示孩子的未來。不過，對此，我也不會全然放鬆就是了，因為你家孩子顯然需要一些幫助。我剛才提到、現已大有成就的那些孩子，以前全都受過我們這裡所討論的幫助。有鑑於此，他們原先看似無法克服的問題，在經過短短幾年後，全都消失地無影無蹤，而且很快就能獨立學習、順利完成學業。

因此，我想要拜託所有家長：如果你家孩子有些事做不到，請先不要陷入絕望。請不斷地以成長型思維模式（詳見第一、二章）告訴自己：「我的孩子現在『**還**』做不到，但他們可以學會、也會學得會。」第二項請求：不要讓孩子陷入失敗的深淵。

第三：不要搶走孩子的工作，而是提供支持與幫助，像是規劃寫作業的架構，讓他們能夠獨自完成任務。那麼，架構應該長怎樣呢？

好的架構等於成功的一半：學習計畫

第一項核心元素是「學習計畫」，也就是針對一個學習單元所訂定的確切時程計畫。這種計畫能為孩子提供方向與架構，同時能夠回答以下這三道根本性的問題：

- 我今天所有該做的事有哪些？
- 我現在的進度是什麼？
- 還有多少工作等著我去做？

理想上來說，手邊的學習任務應該劃分成一個個較小的步驟，好讓每一個步驟都能更輕易地完成。當然啦，如何劃分也取決於每個孩子的個別狀況。

我們拿上面的例子來看：德文學習單。對一些孩子來說，學習計畫上面只需要寫出「完成德文學習單」即可。但對其他孩子來說，這一步跨得太大步了，所以應該再把它切得更小，例如：「完成德文學習單第一題」。

你在第一次擬定學習計畫時，我會建議你寧可低估孩子的能力，不要給他們過多挑戰。這麼做能讓孩子打從一開始就有正向的學習體驗，而對這個新方法抱持開放態度。你將會發現，即使往後的學習計畫的挑戰性只會變得愈來愈高，你家孩子還是很快就能輕鬆達成任務。

學習計畫的實際案例

讓我們再回去仔細看一下前面舉出的作業例子，記得：我們的孩子必須完成一份德文學習單、重寫通識課作業本的其中一頁、解出數學課本第七十九頁第二、三及四題（寫在數學作業簿內），並在宗教課本內完成一張畫。另外還有一項任務是為即將到來的聽寫或背誦小考複習單字表。

現在，我可能必須將這五項作業切成十個小步驟，或甚至更多步驟——因孩子的狀況而定。如果我眼前的孩子強烈抵抗學習或任何形式的作業（他在過去或許發生了很多事，但這也跟他的智力或未來發展無關），那我不只得以許多小小的步驟來建構這份學習計畫，更得運用一些創意。這麼做能為孩子提供一個好玩、充滿愛的邀請，讓他們能夠輕易地接受。

舉例來說，我會把切割過後的「學習段落」各別寫在小紙條上，然後把它們擺到街景地墊上（又稱街道圖遊戲毯，見本書彩頁）。其中一道數學題可能放在警察局的位置，聽寫或背誦小考的的單字表放在機場，然後在跨越鐵道的途中可以撿到宗教課的畫圖作業。

在開場曲（見上）播完的時候，孩子得進到房內、找到他心愛的街景地墊；此時，所有小任務也都已經擺設好了。接著，我會快速地用一些膠帶在街景地墊上貼出方向標示，並挑選一輛掛有拖車的玩具車。

此外，我們在學習計畫／街景地墊的每一項小任務上各擺放一隻小公仔，例如摩比人（Playmobil）或樂高積木人偶，或是史萊奇（Schleich）動物公仔。這份學習計畫的概念是讓孩子在遊戲毯的街道上開車——首先駛向第一項任務、解任務，等到完成之後，他們可以將任務上的公仔放到拖車內，接著再往下一項任務駛去。

透過這個方法，孩子不再把焦點集中在或許令人不快的家庭作業本身，而是轉而享受能夠蒐集每一站的公仔的喜悅。

想要的話，也可以加上最後一站，標出當天下午或晚上寫完功課後的計畫，例如「跟朋友踢足球」或「一起烤比薩」。重點是，這個終點站不該被視作獎勵（詳見第三章），單純只是當天下午的下一個議程，或是當天晚上的最後一個活動。

創意學習計畫，回收滿滿成效

我現在已經開發出許多這類有創意的學習計畫，在此我必須提到我的Instagram帳號上的網友社群，大家在疫情爆發、孩子待在家中就學的期間，變得特別有創意，相當令人驚豔（你可以在彩頁圖片中找到一些創意學習計畫的實例）。

想要打造這類學習計畫當然需要花一點力氣，但我向你保證，你的努力一定會有回報的。你或許得投入個十至二十分鐘，但相較於你家孩子平常得花在作業上的時間，他們現在只需要一點點時間就能完工了。而且更重要的是，這是一個正向的學習經驗。還記得吧？如果孩子在學習上遇到困難，讓他們擁有正向的學習經驗正是解決問題的關鍵。

坦白說，孩子通常已經經歷過許多負面的學習相關經驗了。雖然我們無法擦除那些負面經驗，但我們可以用正向的經驗將它們覆蓋過去。我的終極目標是讓孩子從今

………………………… 學習計畫

待辦事項

日期

1. ______________________

2. ______________________

3. ______________________

4. ______________________

5. ______________________

將完成項目打勾

著色

我今天覺得：

已經喝一公升的水了嗎？

已經去室外走走了嗎？

□ 是　□ 否

已經運動了嗎？

□ 是　□ 否

我學會這些了！

以後時常體會到正向經驗，包括：我有辦法完成作業、我從中學會了一些東西，最後，我因為有辦法帶著寫完的作業去上學而覺得開心、為自己感到驕傲。

我會一直使用這類的創意學習計畫，直到我發現孩子不再需要它們，或是對它們失去興趣了，反而會自己直接著手執行第一項任務。當我們達到這一個階段時，我就會切換至「普通」的學習計畫（如圖）。

一份普通的學習計畫包括了五個待辦事項。根據我的經驗，五個項目是成效最佳的數量。如果只有三個項目，每一項任務往往會變得過大；多於五項的話，孩子乍看之下會覺得很多，可能很快就會失去興致了。

我們在讀書時間的最開始，會先一起填寫這份學習計畫單，並且討論：每一個步驟必須做哪些事？所有必要的材料是否都備齊了？接著，就開始囉。

另外，我每次都會設定一個計時器，它會將時間以扇形的方式呈現，並且自動倒數（如圖）。如果你手邊沒有這種計時器的話，也有免費的手機應用程式提供這種功能。

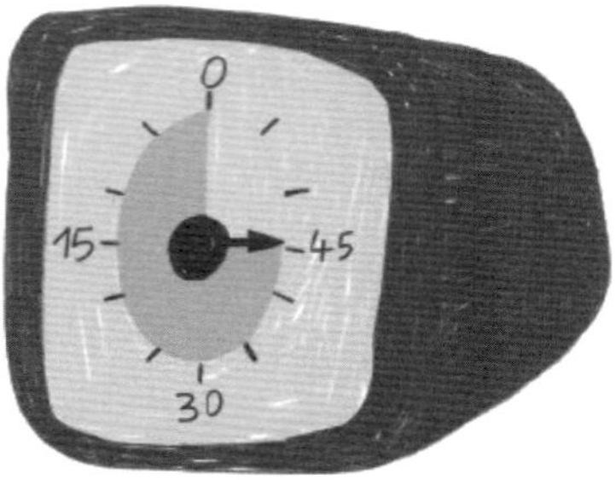

附注：

搭配計時器寫功課

計時器是一個非常有用的重要工具，因為它可以幫助我們與孩子將預設好的時間以容易察覺的方式呈現。年紀非常小的孩子可能連五分鐘和五年的時間長短差異都無法辨別。

但即使是已經就讀小學的孩子，也沒有辦法想像「於十五分鐘內寫完數學課本的第三至五題」的概念究竟是什麼。時間感需要經年累月慢慢發展，而有了計時器的輔助之後，我們可以幫助孩子更快培養出時間感。

我們先從相對小型、容易掌握的任務開始，而我會在一旁默默計時。等到任務完成之後，我會說類似「剛剛花了七分鐘」的話。重複照做幾次之後，我會在下一項任務開始之前，問孩子：「你覺得等一下會需要多少時間呢？」孩子說了他自己預估的所需時間後開始動工，我則在一旁默默計時，最後我們再將他的預測及實際需要的時間互相比較。透過這種方式，他們很快就會知道自己是否經常低估或高估一份作業所需的時間。一旦孩子能夠比較精確地預估時間之後，我就會開始公開地在孩子面前使用計時器。我會問：「好的，你想要花多少時間來寫這份作業？」好比說，孩子回答：「八分鐘。」那我就會把計時器設成八分鐘，接著倒數計時開始。又或者，我會在計時器上設定十五分鐘，然後問孩子想要——或是覺得自己可以——在這段時間內完成多少作業。

計時器對於那些難以久坐與專注的孩子而言特別有用，因為他們可以看到：「啊，時鐘上只剩下幾分鐘了——我辦得到的！」

切記，我們絕對要避免的情況是讓一項任務不斷地拉長一次的作業時段，因此計時器給的是中場休息的訊號，不見得代表整項任務全然完成。

孩子能夠專注多久？

孩子能夠在書桌上專心讀書的時間最長是多久——你應該也猜到了——因人而異。根據經驗法則，把一個孩子的年齡單位換成分鐘，就相當於他能夠專注的時間，最久可以拉到其年齡數字的兩倍（以分鐘為單位）。

意思是，一個七歲的孩子能夠集中注意力的時間介於七至十四分鐘之間。因此，計時器的設定絕對不會超過十四分鐘。

或許你家的七歲孩子甚至連七分鐘「都還辦不到」，或許只能專注四分鐘。沒關係，你只需要以更短的時段作為出發點即可，你家孩子很快就會達標了。

只不過，這裡有一個重點：在計時器倒數的同時，孩子必須確實地在這段時間內專心工作——我稱這段時間為「魔術時間」。一旦倒數計時開始，這段時間內就只剩下紙、筆及作業，其他什麼也沒有，沒有分心、沒有抬頭張望、沒有干擾、沒有站起身的可能。除此之外，只有全速衝刺，目標將手上的作業盡可能以最快的速度、最整齊的方式完工。

如果孩子知道這種緊張的狀態並不會持續太久，而且隨後馬上有一小段放鬆的時間，那他們就能辦得到。同樣地，這裡的重點是從挑戰較小的任務開始，才不會將孩子擊垮，接著可以逐漸增加強度，讓孩子對於這段魔術時間的緊張感能夠產生正向的連結。這種做法每次都一定能順利進行嗎？當然不是啦。

有時候你已經按下倒數計時了，可是孩子即使知道遊戲規則，就是不願意按照規定進行。那怎麼辦？我會暫停倒數，並問孩子：「怎麼了？你肚子餓了嗎？口渴了？

需要上廁所嗎？還是要動一動？作業有不懂的地方嗎？你哪裡痛嗎？」等等。

唯有當所有分心因素都完全排除之後，我們才會重新開始。我認為很重要的一點是，這段魔術時間不能被逐漸「稀釋」，而必須從頭到尾皆維持著高「濃度」、高專注的狀態。尤其當你剛開始執行這個做法時得特別注意，這也代表說，你有時候必須很嚴格、很堅持。但一切努力都是值得的，對孩子來說也會是一個很棒的禮物，他們在往後的人生中，將會有辦法好好坐下、設定計時器，然後專注地執行手邊任務。

中場休息的藝術

一方面，孩子能夠專注多久——正如前面所說的——高度因人而異；另一方面，專注力是可以花時間練習、逐漸進步的。非常概略地來看，人的專注力大致上可以畫成這樣（如圖）：

根據我們大家的自身經驗，我們都知道自己可以相對持續地專心做某件事，直到我們的專注力於某一刻開始下降，然後我們很快就再也無法好好專心了。許多人在這裡會犯一個錯——他們等到這個時候才休息。

不過，為了確保專注工作的時間可以一直維持它的「魔術」、從頭到尾都是純正向的經驗，陪讀的家長的責任就在於：不要等到專注力開始損耗、負面的學習經驗開始出現時，才喊停休息。我們反而必須盡可能精準地掌握專注力準備開始下降的那一刻，並且快速地做出反應。換句話說，我們要在專注力不見**之前**就進入中場休息，也就是要採取預防性的策略。

這背後蘊藏著一項非常寶貴、終身受用的能力。像是那些過勞的人，就是沒有學會在力氣完全用盡**之前**讓自己休息。從這個角度來看，我認為非常重要的一點是要讓孩子學會：早在我的專注力消耗殆盡之前，我可以休息、我甚至應該休息，而且休息是我應得的。預防性休息讓學習變得更美好、更有效率，因為它可以使我們從頭到

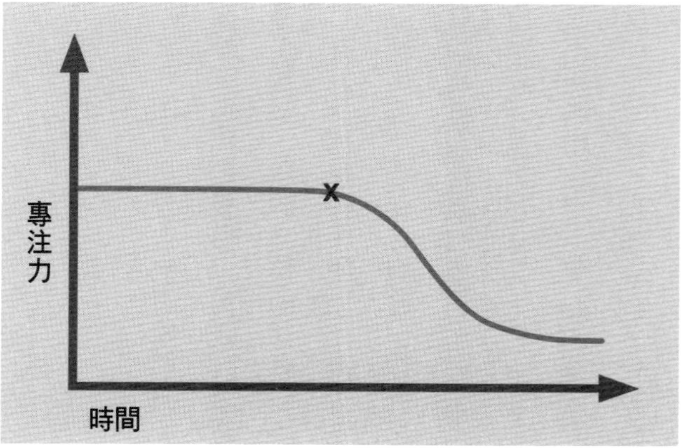

尾都保有良好的感覺，並能避免專注力下降。所以呢，就在孩子的專注力開始下降的那一刻，我們就要喊停了，但該如何注意到這項變化呢？

進入中場休息的兩種方式

當我坐在孩子旁邊陪讀時，我自然可以很容易地觀察他們，只要他們開始稍微無法集中注意力，我就會馬上發現。像是孩子寫功課的速度突然明顯變慢、抬頭盯著空氣發呆，或是突然冒出許多錯誤，那我就可以說：「停！我想，我們該稍微休息一下了。」但這個做法確實跟我們使用計時器的原則（見上文）互相牴觸，所以安排休息時間更好的方法是，慢慢從經驗中梳理出孩子通常可以維持專注多久，這時候你就只需要將計時器的設定下修一至兩分鐘即可。例如，我們已經確定孩子的專注力通常大約在十一分鐘之後「開始微降」，那我們就在計時器上設定九分鐘。

經過調整之後，如果倒數計時還剩四分鐘，但孩子已經開始出現不專心的跡象的話，那作為監督陪讀角色的我們可以這麼說：「我發現你開始有一點不專心了喔，但你看看計時器——只剩下四分鐘而已。快點，我們啟動全力衝刺模式吧，你馬上就可以做完了！」

事實上，孩子其實常常還留有一些精力和專注力，當他們看到計時器上的時間只剩下一點點時，是有辦法在大人的要求下重新啟動的。

那如果還是行不通呢？中場休息的方法是否能順利運作，其實也取決於孩子當天的狀態——孩子或許前一天晚上沒有睡好、身體稍微不舒服，又或者單純是因為作業時間太難了。

這時候，我們就必須介入了：「停！我們現在來休息吧。」當孩子明顯需要休息時，絕對不要遲疑，否則孩子的專注力只會急速下滑，而負面的學習經驗只會變得愈來愈強烈。

所以有兩種情況，若不是孩子因為從計時器上可以看到專注時間即將結束而「啟動最後衝刺模式」，就是他們真的再也撐不下去了。如果是後者的話，那我們也不能多做強求，馬上開始休息就對了。

三個良好中場休息的特徵

一次良好的中場休息具備三個特徵：第一，它讓身體和腦袋都有機會活動一下；第二，它能帶來歡笑，畢竟我們需要讓身心靈都達到放鬆，而「笑」就是讓一切放鬆下來的絕佳方法；而第三，它能為我們帶來新鮮空氣，所以至少要打開窗戶，最好是可以到室外晃晃。

當這三個要素全都具備的時候，我們的「專注力汽缸」很快就能再度加滿油，我們就能重新坐下、繼續工作了。我們來看一下具體的例子：假設我們現在跟孩子正在進行每次十五分鐘的專注工作計畫，計時器上也設定了十五分鐘，那我會建議在每次專注時間結束後，休息時間都控制在二至四分鐘，最多不要超過五分鐘。這麼做可以防止之後因為休息太久、太開心而陷入難以收心的情況。在中場休息的時候，我們依然得記得現在還是讀書時間，我們只是稍作休息，因為它們很重要、也助益良多。關於這一點，不只是我們本身需要切記，我們也應該要一而再、再而三地向孩子仔細說明這個重要的概念。

因此，我個人很樂意常常向孩子們解釋，為什麼中場休息這麼重要、他們的大腦在休息時會發生什麼事、深呼吸時會有更多氧氣進入大腦和血液循環系統中，以及當有更充分的血液流入腦中時，這對於血液循環有多少益處，而且如此一來，他們就可以思考得更加清晰、專心坐得更久。

不過，最棒的部分還是當孩子自己親身體驗到中場休息所帶來的良好影響、他們休息過後的良好感受，以及他們自己之後有辦法、也想要繼續讀書的狀態。我們不該把這件事交由運氣決定，而是應該有系統地讓它發生、予以支持。

這就是為什麼在進入休息之前，我會跟孩子說：「很快地把眼睛閉起來一下，感覺一下你現在的感受。你的頭、手和肩膀感覺怎麼樣呢？」接下來，我們就會稍作休息，等到要回來繼續讀書之前，我會再請孩子做一次：「再把眼睛閉起來，感覺你現在的感受。你有沒有注意到什麼地方不一樣呢？」

重複做過幾次之後，孩子就會培養出這樣的認知：「啊，所以當我再也無法集中注意力的時候，我會有這種感受。然後當我的血液循環通暢、腦袋思緒又變得清晰的時候，我會有這種感受。」

這份認知是一個寶貴且重要的能力，能讓人終身受用。許多人一直等到年紀很大了之後才認知到：「啊，當我睡得好、有運動、吃得健康、喝夠多水的時候，就會有種感受啊。」接著，這種感受和認識會激起動力，想要重複去做對自己有益的事，例如讓自己在專心工作的期間做有規律、有意義的中場復元休息。

中場休息的具體架構

最簡單的方式是播放一首「休息曲」，長度應該恰好跟休息時間的分鐘數一樣。把音樂放得很大聲的話，它就會是一個很有效的聲音訊號，代表現在應該要起身休息了。如果你可以調整播放裝置的設定，讓它播完這一首歌後便停止，那歌曲播完的同時也表示中場休息時間結束。接下來的寧靜代表下一個階段的專心讀書時間，正因如此，我才特別覺得（情緒激昂的）歌曲很適合作為「中場休息訊號」。你在我的「開場曲播放清單」上同樣可以找到適合的選項，但注意不要跟開場曲使用同一段音樂，因為它已經被賦予其他不同的含義了。

當休息曲一下，孩子就可以起身，然後在房間內跑來跑去、跳舞、跳到沙發或椅子上，也可以爬到桌子底下。要不然在你們家整層公寓規劃一條固定的中場休息跑跳路線如何？

我們想達成的目標很自然而然地會發生——活動、歡笑、深呼吸——而當音樂停止時，大家就會再次回到座位上。有些孩子迫不及待地等著要蹦蹦跳跳，但有些孩子對此興趣缺缺。這時候，你或許可以提議：「來吧，我們現在來做十下開合跳！」或是三個翻筋斗和一個手倒立或頭倒立。事實上，短暫的「頭下腳上」姿勢好處良多，它可不是無緣無故就變成瑜伽中數一數二重要的體位，反而在你重新站好的時候，能夠有效地幫你醒腦。至於你呢？你當然應該加入啦。那不只對你本身的身體健康有益，更重要的是，如果媽媽或爸爸卡在椅子底下，絕對是很棒的「笑」果。

如果你們家是獨棟的房子，你大可以直接打開門，說：「開始繞著房子跑，直到歌播完為止！」有些人家的庭院會有彈跳床，或是室內型的小跳床——跳個三分鐘可以促進血液循環、滿足讓身體活動的需求，並恢復原本消耗掉的活力。其他可能性包括：用四肢趴在地上爬行、利用搖晃的方式在屋子內走來走去、單腳跳，或是將傢俱當作障礙物、然後倒著走。

如果這些太費力了，那也可以純粹隨著音樂瘋狂跳舞就好。如果不想跳舞的話，那就把手臂、雙腿和整個身體都甩一甩吧！你應該為孩子做個良好示範，像我就會把身體站直，再把雙手由身體朝外拋出去。而且除了雙手之外，我也會一併將所有令我心煩的事都拋開，例如用右手拋出「這份愚蠢的家庭作業」、用左手拋出「下星期那個討厭的考試」。所有讓你覺得心煩的事都可以、也應該被甩掉。其中，我會試著讓甩動的動作主導整個身軀，從頭到腳都像海浪一般流動。當你將一切鳥事都甩掉之後——像是跟好朋友吵架、某個老師讓你覺得很討厭——你就會覺得好多了。沒錯，我們要把所有擾亂我們心情的事都甩光光。

我建議從以上這些選項中挑出二至三個活動，維持一段時間都固定地重複使用它們，以作為可靠又放鬆的中場休息儀式。一旦孩子發現：「哇，做這些真的對我很有幫助耶！」那這個概念很快就會深植他們的心，接著他們就可以常常自己想出度過休息時間的新點子了。

良好的專注遊戲

另一個截然不同、但同樣有效的中場休息方法是進行專注遊戲。專注遊戲？都要休息了，那聽起來也太累了吧？讓腦袋暫停停止思考的時候，不是應該要全然放鬆嗎？

很多人會這樣想、這樣做，最後得到的結果卻令人感到懷疑、不甚滿意。因為跟多數人以為的相反，全然放鬆並不會為專注力帶來煥然一新、甚至強化的效果。反倒是當我們採取不同以往的方式使用大腦的話，就可以「醒腦」讓大腦變得更快、更有力。因此，最糟糕的可能休息方式就是：坐在原位、盯著手機。

這麼做會導向我們不希望達到的效果：第一，我們的身體沒有動到；第二，我們繼續維持著不健康的姿勢；第三，我們任由自己被各種資訊分心。隨後，當我們再回來讀書時，我們的腦袋更沒有辦法準備好吸收新資訊，尤其因為學習材料呈現資訊的方式又比手機來得無聊許多。所以，我們在中場休息時間還是來玩一些專注遊戲比較好。

在進行專注遊戲時，會需要大人在場提供適當的引導。如果家裡孩子比較多，大家可以全部一起玩專注遊戲。我在這裡會舉兩個遊戲作為範例，如果你想要參考更多其他點子的話，可以在我的 Instagram 帳號上找到許多經過實際驗證的遊戲推薦。

一二三遊戲

我最喜歡的專注遊戲是「一二三」：兩個玩家面對面站著、看著彼此的眼睛，輪流一起數到「三」，也就是A先說「一」、B說「二」、A再說「三」，接著B重新回到「一」……依此類推。如果參與人數為偶數，而算數的最大值為奇數，那每個人在輪流的過程中，每次都會數到不同數字，這相當需要專注力。

就這樣，玩家雙方的角色在整個遊戲的過程中會不斷轉換，不斷嘗試以流暢且快速的方式重複數到「三」。如果想要加快速度的話，其實相當具有挑戰性，也會出奇地好玩，尤其是當某一方「數錯」的時候。

進行得還不錯？那麼，現在我們來增加一點難度，做一個動作來替代數字「二」，像是輕輕地用右手掌拍頭兩下。其餘的規則都跟原本一樣。

也就是說：A先說「一」、B拍頭兩下、A說「三」、B再數新一輪的「一」，接著換A拍頭兩下……依此類推。如果到這邊也能流暢、快速地進行的話，那我們就可以介紹下一種變化版。

現在，我們再多做一個動作來替代「三」，例如用左手拉耳垂、用腳重踩地板，或是扭扭屁股。孩子通常能自己想出有創意的新動作。那我們就重新開始數到三，但別忘了拍頭兩下、再拉拉耳垂。如果這個版本也能順利進行的話——你猜對了——我們現在也要用一個動作取代「一」，例如跳一下或吐一下舌頭。就這樣，你們在大約三分鐘長短的中場休息之間，就做這些事。

進行遊戲的時候，你可以在旁邊設置計時器，或是在背景播放長度適當的歌曲，但記得把音量調小一點。如果孩子在計時器倒數完畢或歌曲播完時，依然無法順利克服當下所進行的難度版本，那他們就會對下一次中場休息滿心期待——一定可以做得更好的！

我很愛這個「一二三遊戲」，因為它結合了許多重要的優點：第一，必須團隊合作；第二，必須密集地思考；第三，必須注意別的玩家。

相反遊戲

這是我另一個非常喜歡的遊戲，玩的時候最好要站起來、動一動。可以把窗戶打開的話也很棒。那我們就開始囉。

例如我說「高」，孩子就得說相反詞「低」；我說「快」，孩子得說「慢」。透過這個遊戲，我們可以練習一些相反詞組，而且不光只是文字，也能以動作進行。例如我把雙臂舉過頭，那孩子就要用雙手碰到地板；我用右腿單腳站立，那孩子就得用左腿。一切都還順利嗎？

現在我們把難度提高一點。我說「高、慢」，孩子得回答「低、快」。我也可以說「亮」，然後將手臂放到地板上，那孩子就得說「暗」，並將手臂舉向天花板。當孩子熟悉遊戲的新等級之後，我們就再把難度增加。有些孩子很喜歡遊戲變得很複雜，例如我說「快、暗、低」，並同時單腳站，這就相當具有挑戰性了。如果孩子連這個難度也能克服的話，那遊戲所帶來的樂趣、喜悅，以及對心智敏銳度的影響，都將更上一層樓。

當我們角色互換時，就又是另一種完全不一樣的變化版：孩子先做，再換大人做出相反的應對。這通常會讓樂趣加倍，因為讓孩子看到大人「失敗」實在很棒。

一大杯水與點心

不論你家孩子偏好專注遊戲或可以活動筋骨的遊戲，都要確保他們在中場休息的時候喝一大杯水！有些孩子水喝得夠多，但有更多的孩子其實都喝不夠。他們單純就是忘記喝水，於是處於脫水狀態，結果就是大腦再也無法正常運作。我常常看到孩子難以專注就是因為他們的身體缺水。因為當我問他們上一次喝水是什麼時候時，得到的回答是：「早上吃早餐的時候！」一切就真相大白了，從此之後，每當我看到孩子在讀書時卡住，我最先問的問題就是：「你上一次喝一大杯水是什麼時候？」

隨後，我會馬上接著問：「那你上一次吃東西是什麼時候？」因為如果血糖太低，同樣沒辦法好好學習。所以我手邊總是會準備堅果和蘋果，因為這個組合可以維持大約一小時的飽足感。其中，將蘋果與堅果的蛋白質和脂肪互相搭配時，可以確保血糖不會像在吃其他（尤其是工業大量生產的）點心那樣迅速地升高、又迅速地下降。基於這個原因，我不相信葡萄糖對於學習或在輔助專注力上的功效。除非你現在離考試前只剩下五分鐘，卻發現自己的身體稍微在顫抖，那就可以使用葡萄糖當作補救辦法。除此之外，我並不建議攝取葡萄糖。而且堅果和蘋果也已獲得證實為讀書時的理想點心。當然啦，其他水果也一樣，只要記得讓孩子搭配一些脂肪或蛋白質一起攝取即可。

赤腳踏雪

正如前面所說的，新鮮空氣對於專注力而言是至關重要的元素，而且不只是在家寫家庭作業的時候，在學校時當然也一樣。孩子通常早上離家之後，會在新鮮空氣中走一段路到學校，或至少走到公車站。沒有什麼東西能更有效地讓你早上完全清醒了，所以我是「走路上學」或「騎腳踏車上學」的忠實粉絲。我們在疫情封城的時候，體驗到這種路徑突然消失的經驗。我仍記得二〇二〇至二一年冬天漫長的封城狀態，許多孩子穿著睡衣、動也不動地坐在桌邊、盯著螢幕上二十五個小小的Zoom螢幕分享畫面。有鑑於此，有天早上，我在Instagram的即時動態上分享自己穿著睡衣、跑到我家庭院裡赤腳踩雪，想告訴大家在新鮮空氣中運動有多麼重要、對我們有多好，而且能讓我們變得多麼清醒。這個點子獲得很好的迴響，每天早上我都會收到一堆照片或影片，捕捉孩子穿著睡衣在雪地上畫雪天使，或者赤腳在庭院裡跑跳。家長振奮地告訴我，這麼做讓後續在家上學的時間變得多麼地順利。

所以，當我們在思考居家學習情境或家庭作業時，應該時時記得：在過去這幾個小時內，你家孩子上一次到室外活動是什麼時候？如果距離上一次已經過太久了，那就趕緊休息一下、到室外的新鮮空氣中活動一下筋骨吧。在開始讀書之前，激昂地散個步或在室外做一些活動，都很值得一試。

其他地方的教育體制早就認知到學習前活動筋骨的重要性，例如紐西蘭的學校雖然同樣八點開始，但大家都會先上一小時的體育課，所以正規課程等到九點才開始。

生理基本需求

沒有哪個孩子、甚至是大人可以單純「因為現在必須讀書」，忽略飢餓或口渴等需求。大人或許可以撐一段時間啦，但小孩就是不行。對孩子而言，生理機制至上——肚子餓了就是餓了，他們不會在肚子餓的時候學習，要不然就是學得一塌糊塗。孩子就是沒有能力去想說：「雖然我的肚子在叫，但我要振作起來、繼續讀書。」

可是，許多大人會以自己的角度出發，對孩子說：「啊，拜託嘛，我們還可以再多做這一個作業，完成後就可以馬上吃飯了。」這在孩子身上是行不通的，他們的生理機制會讓專注力直接關機。當他們的肚子開始叫的時候，他們的大腦就無法運作。身為大人的我們應該也很清楚才對，但更重要的是，我們應該向孩子解釋這個道理。

我認為，常常跟孩子討論這件事、規律地詢問他們的基本需求，是很重要的事。口渴嗎？肚子餓嗎？要不要動一動？呼吸新鮮空氣？另外也該問問他們對於溫度的感受，因為像是在全球疫情期間，有些人家裡沒有空氣清淨機，即使在冬天也一直開著窗戶，這個經驗讓我們知道，在冷得要命的教室裡也無法好好學習。

孩子可以透過這種「問答遊戲」多多認識自己，尤其能學會自我檢查並察覺：我現在感覺如何？我哪裡覺得不舒服？我怎麼了？我的頭是不是有點痛？這時候，我應該馬上喝一大杯水，因為我大概只是脫水吧。我的身體是不是有點在抖？那我或許好一段時間沒有吃東西了。累了嗎？那就是我太久沒有好好動一動。

孩子可以從中學到：在我達成任何事情之前，我必須先照顧自己的身體。

我的一大願望是教養出一個懂得照顧自己、實踐健康人生的新世代。可惜的是，我們現在正在往反方向前進，愈來愈多孩子的身上出現壓力症狀。

德國DAK公立醫療保險於二〇一七年進行一項研究，發現幾乎每兩名學童之中，就會有一名學童（百分之四十三）受壓力所擾。而在受壓力影響的男童與女童當中，有三分之一出現頭痛、背痛或睡眠問題等症狀。

所以我覺得這件事極為重要：不只是在家的家長，在學校的老師也都應該確保孩子的基本需求有獲得滿足，而身為大人的我們，應該要支持、輔助他們好好照顧自己。如此一來，孩子才有辦法在所有情況中都做到最好，並在學校中自然而然地學會這項重要的預防措施。

現在我們掌握了物理上的生理基本需求，那至於非物理的層面呢？

有什麼心事嗎？

情緒健康也是必須照顧到的重要基本需求，孩子——大人也是——不能只因為現在必須讀書，就把它擱在一旁不管。

憤怒、悲傷或恐懼等感受全都比學習新東西來得重要且巨大許多。如果你不給它們一些空間，這些負面情緒會一直擋在最前線，讓你根本沒辦法專心於任何家庭作業上。你自己應該也有這種經驗——還記得你上一次跟人爭執的情況嗎？你隨後有辦法專心、有效率地工作嗎？

我記得常常在課後輔導的時候，我會花上五十分鐘的時間跟孩子討論他們跟爸媽或好朋友之間的爭執，最後「只」剩下十分鐘用來做數學功課。不過，到頭來一切都很值得，因為比起我花六十分鐘長的時間來教這個不開心的孩子什麼，我們在那十分鐘的時間內所完成的事其實來得更多。更重要的是，在接下來的幾個小時裡，一切狀況都明顯變得更加順利。

好比說，你注意到孩子心情不好或是比平常安靜，我建議先詢問他們有什麼事讓他們心煩，接著將他們移駕到沙發。到沙發上，你們可以先抱一會兒、談談發生了什麼事，然後或許甚至好好地哭一下。如此一來，孩子在這場對話中所傾吐的東西就會全部清出——不會留在心裡、也不會留在學習時間內。這可以讓孩子輕鬆許多，即使藏在更深層的情況或許還沒辦法完全解決，但其所激起的情緒暫時獲得緩解，讓孩子能夠更專心地完成手邊的作業。

關心孩子的身心健康再配上應對措施、開場曲與休息曲加上活躍的中場休息，這就是讓孩子能夠專心讀書的基礎框架。好的，框架確立了，那我們現在再回到作業本身吧。

內容過於困難

在家庭作業中的一大絆腳石是：指派的內容究竟是否符合孩子當下的能力與學習程度。如果孩子無法處理作業的原因單純在於內容過於困難，那他們很快就會喪失注意力——這一點我已經在其他地方討論過了。但我們該如何發現呢？

不可諱言地，這需要一些經驗才有辦法發現。在處理較大型的作業時，我通常會陪孩子一起進行最前面的兩個部分。這時候，我會問孩子他們必須做哪些事。當我發現他們無法馬上回答的話，我會先冷靜地向他們解釋作業內容，接著問：「你現在弄懂哪些東西了呢？」或者：「你理解到什麼程度了呢？」

這兩個問題都很簡單，但許多家長會用以下這種方式發問：「你現在懂了嗎？」這個問句沒有太大幫助，因為有些孩子即使仍未（完全）弄懂，也總是會回答「懂了」。另外也會有些孩子即使已經理解多數內容了，卻仍會回答「不懂」。這就是為什麼我不再問這種問題了，而是改問：「你弄懂哪些東西了？」

另一種非常有用的方式是角色對調，反問孩子：「好的，現在請你向我解釋吧！這份作業應該要做什麼呢？」你可以非常快地從孩子的解釋中發現他究竟有沒有搞懂作業內容，或是哪些地方還沒弄清楚。史萊奇公仔在這裡可以派上用場。

我手邊總是會準備一些史萊奇公仔，我會說：「請向這隻不專心的猴子（或覺得很無聊的牛）解釋一下作業內容吧！」這種做法尤其能夠幫助年紀較小的孩子更加投入。

好比說，你可以把小牛公仔拿在手中，讓它一直點頭或不斷打哈欠。至於猴子則是太興奮了，跳上跳下的。透過這種方式，孩子也能體會到要向一個不專心聽別人講話的對象解釋是什麼情況。

就這樣，我們讓孩子與動物公仔之間的對話持續進行，直到孩子真正搞懂內容為止。要不然就陪孩子一同完成，或是調整內容，好讓孩子有辦法掌握。這種做法的相關專業術語是「鷹架理論」（Scaffolding；德文為Gerüstbauen），其概念是：我建構出一個鷹架，讓孩子在試圖解決困難的任務時，能夠抓住它、慢慢往上爬。

例如在英文課上，我可以將十五個陌生新單字與它們的翻譯擺在段落閱讀材料旁邊，有時候孩子有了這種鷹架之後，就有辦法獨立完成任務了。

內容過於簡單

我想要特別指出這一點：家庭作業「過於簡單」的情況比孩子想像中的少上許多。孩子通常只是不想寫作業，或者仍未學會切實地評估自身能力。

儘管如此，我們在學校還是會有孩子真的覺得一切都不夠具有挑戰。尤其是當作業太過簡單、卻有很多東西需要寫，這類孩子會覺得：「我已經會了啊！」因此開始產生抵抗。我們大家都不喜歡做工作量太大、但感覺毫無用處的事——無須用腦又繁重的苦差事。其中一個可能的解決辦法是允許孩子在寫作業的時候，同時收聽有聲書，這可以馬上讓他們覺得那些無聊乏味的作業，變得需要動多一點腦筋思考、更有挑戰性了。這時候你可以說：「你看，我們必須很專注、毫不分心地完成這部分的作業，但這些其他部分很簡單、不需要思考太多，對你來說就只是需要花點時間寫一寫而已，所以你就一邊聽有聲書、一邊做吧。」

身為大人的我們頂多也只能表明：即使我們已經知道該怎麼做了，但用書寫的方式來練習這些內容也很重要。雖然有一些相對盡守本分的孩子會願意照做，他們會說：「好吧，那我做就是了！」可是，還是會有一些難以說服的孩子，尤其無法被自己的家長說服。遇到這種情況的時候，我會使用其他方法提高作業的難度或吸引力。那要怎麼做呢？讓我們來看一個例子吧。

範例：使過於簡單的作業提升吸引力

假設你家孩子必須算完一整張數學學習單，但他自認為對內容已經很熟悉了，因此缺乏熱忱、專注力低落。這時候該怎麼做？

遇到這類情況時，我會拿出一把剪刀、將學習單剪碎；好比說，一張A4大小可以剪成十份。接著，我會將這些碎片藏在一大碗扁豆或沙子裡，或甚至四散於房間內，再讓孩子將它們一一找出，盡量將他找到的碎片拼出來。我們常常會遇到少一片的狀況，這對那些原本覺得作業不夠有挑戰性的孩子而言，更令人興奮，而這就是將作業剪碎的用意。

接下來，我們會拿一張空白紙，將那些碎片拼貼回學習單原本的樣子。這整個過程有兩個好處：第一，隨著原本那一大張令人覺得無聊的學習單被剪成一小片、一小片，孩子投射在它身上的挫折感也一併變小。第二，我將孩子的注意力從「噢，天啊，這張無聊的學習單！」移轉至「太好了，我們現在把作業剪碎了耶，好想知道老師會說什麼喔！」或是「拼圖好玩多了！」而這份趣味甚至還能再升級。

「金繼」趣味

舉例來說，在日本如果一只漂亮的老花瓶摔破了——或許是傳家寶——那人們就會用將它重新黏起來，並在黏劑中灑入金粉，也就是說，破裂的痕跡不但沒有被隱藏起來，反而特別加以強調。這種傳統技法稱為「金繼」，我喜歡這個概念，所以也將它應用在我們剪碎的作業學習單上——我們當然不必用上金粉，但可以用一些漂亮的亮粉黏膠，讓乏味的學習單變成一項小小藝術品。

還有另一種更簡單的辦法可以讓「無聊」的作業學習單變得更令人興奮：將學習單沿著水平方向折成一條、一條的樣子，這樣一次就只能看到一小部分內容。

如果這些還是沒用呢？那你也可以提議進行以下活動：

在古怪的地方寫功課

在這本書的中間，你可以找到一些孩子在桌子底下寫「愚蠢」作業的照片。照片中，他們將作業學習單釘在桌面下方，原本無聊的作業突然之間就變得趣味無窮。我最近還收到一張照片，是一個小孩躺在廚房地板上，一邊觀察烤箱內的蛋糕體成形、一邊寫家庭作業。

許多家長也會將作業貼在窗戶上，讓孩子站在窗戶邊寫作業，一旁配上室外景觀。這個「望向窗外寫功課」的方法後來變成我的經典之作，這本書原先甚至想命名為《在雲裡寫單字》（*Vokabeln in die Wolken schreiben*）。

大部分的家長對於孩子應該如何寫家庭作業，都有一個理想化的想像，所以他們會斷然地禁止孩子「前往古怪的地方探險」，爭執便油然而生。對此，解決方法再明顯不過了——「好的，沒問題，你就坐在地板上寫功課吧！」

如果你擔心孩子永遠學不會守秩序地在桌上讀書——那部分就交給我來操心吧——因為光在學校裡，就已經有太多場合絕對能讓孩子及時習得這項能力了。

所以，放心吧，人在許多不同地方都可以好好學習。比起強迫自己坐在桌子邊，嘗試不同地方常常效果更好。試著想想看我們自己，或許更有助於理解——我們多常坐在沙發上使用筆電？或是坐在室外平台或陽台上？在廚房裡？在咖啡廳裡？我們大人可以從自身經驗得知，像這樣轉換場景的效果有多麼棒。又或許你仍記得，自己小時候多麼喜歡躺在地上寫作業，那現在你就允許自己的孩子也這麼做吧。

邊寫功課、邊看電視？

不過，我絕對不會允許孩子在做家庭作業時，一邊看電視或滑手機，因為動態圖像於視覺上極易令人分心，讓孩子無法順利快速地完成作業。但許多人仍然照做不誤，在工作的「同時」一邊觀看網路影片。如果他們把自己的行為錄下來的話，就會發現他們一而再、再而三地盯著螢幕長達好幾秒或甚至好幾分鐘，而每次休息之後自然需要一些時間才能再次全心投入工作。這麼做會使他們覺得乏味的任務拉長作業時間，而這正是我們想要避免的局面。

我們想要達成的目標恰恰相反，我們想要盡可能導向這種認知：「我可以正確地完成作業，並快速地把它們做完。」於是，即使作業「過於簡單」、「愚蠢」或真的沒什麼挑戰性，我依然會堅持地說：「但我們還是想要趕快把作業做完呀！那是我們的目標。如果你覺得自己躺在地上或坐在廚房工作檯上可以寫得比較快的話，那我覺得也沒關係喔。」

在這種情況下，買一塊書寫夾板會是一項值得的投資，因為有了它之後，平常房子或公寓內許多因為缺乏寫字平台、而不適合寫功課的地方，現在都變得可以工作了。這時候，有些孩子就會帶著書寫夾板、隱退至庭院中的陰影處或樹屋內，或是跑去閣樓或地下室裡。書寫夾板讓這些選項變得可行、有趣，而且作業也可以迅速、有序地完成。

我認為，為孩子開啟許多不尋常的學習地點及姿勢，是很重要的事。現在有許多現代學校正致力於提供孩子這些可能性，甚至在「正規」學校裡，也有思想比較進步的老師會在解釋完任務內容之後，允許每個孩子去尋找自己想要的作業地點與工作姿勢。

例如有些孩子會跑到室外、坐在長椅上，有些會獨自作業、有些會找伴一起，有些會拿著書寫夾板、坐在地上，還有一些趴在地上、直接把作業放在地板上寫。給予孩子這個自由發揮的空間，同樣值得一試，因為這可以帶來莫大的成效。其中的原因是，當孩子能夠自己選擇想要在哪裡、用什麼姿勢寫功課時，他們可以學到一件很重要的事，那就是正確地評估並理解自己與自己的需求。當然，這不是一夕之間就能達成的事，孩子首先必須學會的能力是如何聰明地運用這份自由，並藉此達成設定的目標。你必須清楚地知道，沒有任何孩子能在年紀很小的時候，就能掌握這份自由。這就好像去跟從未開過車的新手駕駛說：「鑰匙在這裡、車子在那裡。上車、出發！」也不太會有人劈頭就說：「開車喔，你就是不會啦！」不會嘛，我們在真的開車上路之前，會先去上駕訓班、在訓練場內練習駕駛。

同樣地，孩子需要這種「駕訓班」來學習如何明智地運用這份自由。身為「駕駛教練」的我當然知道，一切不可能馬上就能成功。我知道，我三不五時必須出手干預，就像駕訓班的教練一樣，有時候必須出手抓住方向盤，或是在副駕駛座上踩煞車。所謂的干預也包括禁止邊寫功課、邊看電視。

借助於「計時員」學習「自由」

在這個學習過程中，一項很重要的輔助是試著去平衡給予孩子自由的程度、順應孩子的能力程度加以調整——我家孩子有辦法掌握多少程度的自由了呢？

我們會一直不斷地嘗試，即使前三、四、五、十次都沒有成功，那也不代表我們應該放棄地說：「那在我們身上行不通，我們最好別碰了。」不對，全然相反，我們反而應該說：「好吧，今天進行得不太順利。我們來討論看看是為什麼，好嗎？到底發生什麼事了？為什麼你突然消失、不知道跑去哪裡，然後沒做功課呢？下一次該怎麼做、事情才會進行得更順利呢？或許我應該要幫忙計時？」

引入「計時員」的角色以學習如何明智運用自由的做法已獲證實。指示可以像這樣：「你可以把數學作業學習單拿走、帶去其他任何地方寫，然後你在十五或二十分鐘之後，必須把它帶回廚房這裡交給我。我會確保你嚴格遵守時間。」

這個時限可以確實地幫助孩子成功以明智、有效的方式運用這份自由。對多數孩子而言，十至二十分鐘的時限相當適宜。

對許多孩子而言，如果我們在自主寫作業的過程說：「你現在還有十分鐘。」那可以幫助他們更容易學會善用這份自由。你也可以將計時器設為二十分鐘並交給孩子，跟他們說：「不管你去到哪，都會感覺很棒。一併帶上計時器吧，隨時注意它。我這邊也會隨時注意時鐘，這樣我們雙方就都可以好好掌握時間了。」

另一種可能做法是對孩子說：「你可以用任何喜歡的方式帶著它，我會跟你待在同一個房間內做一些清掃工作。隨便你希望怎麼做都可以，但我會待在你旁邊。」

由家長與老師擔任「教練」角色

正如前面所說的，依據孩子的能力調整他們所能掌握的自由程度很重要。要不然，他們就會把作業簿拿走、回到自己的房間內、拿出有趣的課外書或開始玩耍，接著，三十分鐘之後，家長就會走進房間，「抱怨」道：「你那些東西根本都還沒做啊！」

然後，那就會演變成爭吵局面，或至少會陷入充滿壓力的學習情境，而家長就會氣餒地覺得：「我家孩子沒辦法掌握這份自由。」孩子也會體認到：「現在我依然必須做這份愚蠢的作業，我的興致只變得愈來愈低落了。」面對這種情況，我們只不過需要家長再稍微多提供一些引導即可。

在這個國家裡，我們經常低估了這種引導的重要性，我們不瞭解它對於許多孩子而言有多麼必要，又能為他們帶來多少助益。

現在我們有許多主張非常現代化概念的學校，孩子能以相當個人化、高度自我規範的方式進行學習。好比說，他們會知道：「我們現在數學課在教這個主題、德文課在教這個，然後英文課在教那個。」當孩子知道這些資訊之後，他們早上去學校，就可以自己選擇要去上哪些主題的課。

當有人建議採用這種自我規範的方式時，許多家長剛開始都會心存懷疑：「我家孩子應該只會上他自己最喜歡的X科目吧。他不喜歡Z科目，所以他絕對不會去上，這樣他就永遠學不到那一科了！」

家長常常忽略的是：學校裡當然會有老師擔任孩子的「教練」、在一旁盯著他們，進而引導他們。情況其實很簡單——好比說，老師和孩子每隔兩天就會坐下來檢討：「我現在在哪些科目中學到哪裡了？我還必須注意哪些地方——尤其是我不喜歡的科目——才有辦法達成我的目標呢？」這些討論並不是建立於壓力基礎之上，而是老師與孩子之間的正向關係。清楚的目標是透過雙方達成共識、訂定而成，接著再建構出具體的執行步驟。這可以讓孩子變得非常明理，即使是不喜歡的科目及主題，也願意投入必要的努力。

依照這種做法，不只是老師，家長同樣可以擔任自家孩子的「教練」。這項任務需要絕對正向的心態：「基本上，即使是不喜歡的科目，我的孩子其實也想要學會、精通它們。我在這裡擔任的是教練的角色，必須從旁提供幫助。」

家長必須表現得像是少年足球隊的教練那樣，說：「不，在你們今天可以開踢之前，我們必須先做一小時的循環訓練。」對於怎樣才能把足球踢好，教練具備必要的知識並瞭解整體概況。

在球賽本身進行的期間，教練只會待在後面、站在場邊觀賽。但在中場休息時，他會提供一些評語、進行一些調整。我自己也嘗試以這種精神來和孩子共事，總會在一些特定的地方給予他們自由。而正因為我採取這種做法，如果我在其他地方表示：「這件事需要好好地練習，不能呼嚨過去，而且我們不會留到明天再做——此時此刻馬上來做。」那他們就會聽懂了。我有一個必須如此明確表態的好例子，那就是英文課上的不規則動詞——我們必須把它學到在半夜醒來時、仍能夠不假思索地背出來才行。這也可以套用到德文課上的特定文法規則，例如「das」（定冠詞）和「dass」（連接詞）之間的差異。又或者像是數學課上的乘法表和二次方程式（Mitternachtsformel）——後者在德文中也可以稱為「半夜方程式」，可說是名符其實。這些東西和其他許多主題無須多說，就是必須熟悉精通。當我們可以自動化地使用它們時，那些科目就會變得有趣許多。

一個小時——然後就結束了！

我接下來要說的東西會讓許多家長嚇壞，所以抓穩了，請不要小看它，因為接下來的小建議其實是我從累積多年的經驗得出的，而且就我所知，這是用來處理過長的寫作業時間的唯一解法。

那就是：當孩子在花了一個小時之後仍無法完成作業，不管怎樣，你們就停止吧，然後請在家庭聯絡簿裡註明，或直接寫訊息給老師，表示孩子已經專心地花了一個鐘頭，但他只能完成到這些進度了。當然，切記，你應該先打電話跟老師聯絡，或者約個短暫的當面會談，告訴對方：「我們在家裡遇到一個問題：家庭作業有時候得花上三個小時、偷走了整個下午的時間，這為我們全家帶來超乎想像的壓力。所以我們現在在嘗試一個學習教練推薦的方法，包括將寫功課的時間限縮至一小時內。我們會用盡全力在接下來的幾週內，努力讓孩子能夠在一個小時內完成所有作業。」

我很少、很少會遇到有哪個老師對此表示反對，多數老師反而很高興能看到有家長如此積極地處理「如何快速且有效率地完成家庭作業？」這項議題。

這種處理方式對孩子也有相當助益，因為他們可以從中體認到：「如果我可以專心、快速地工作，那我下午就還會有非常多時間能夠跟朋友出去、從事自己的嗜好，或反正就是做任何我有興趣的事。」

有時候，要家長等待孩子慢慢體會到這件事，可能稍嫌困難，因為畢竟我們已經不斷地在告訴孩子：「來啦，趕快坐下！你愈快做完，就愈快可以出去玩。」

但這種事情必須由孩子親自**體會**，光是向孩子**解釋**是不夠的。

正如同我們去對懶得動的人解釋說「維持規律運動之後，你會對自己感覺更好、煥然一新，心情也會更棒喔」是一樣沒用的，他們不會因此受到激勵。唯有當他們經過一段時間、自己體驗到其中的正向影響之後，他們才會開始相信規律運動真的好處多多。而那份體會才有辦法為他們帶來動機和力量，即使遇上哪天特別意興闌珊、其實有點疲倦，或是覺得任務內容稍嫌愚蠢時，依然能夠繼續專注、快速地完成運動計畫——或是在我們的例子裡——寫完家庭作業。

在孩子就學期間，肯定會碰上一些事情太多的日子，沒人有辦法在一個小時內完成所有家庭作業。不過，我們還是將決定性基準設在一個鐘頭，因為並不是每天都有那麼多功課得做。因此，我的建議是：每天一小時、每週六天（針對一、二年級的學童，當然最好設在半小時，或頂多四十五分鐘）。

舉例來說，今天是星期二，我們的孩子有太多事得做，而這一大堆作業不可能在一個鐘頭內完成。儘管如此，過了一小時之後，作業時間仍得結束。份量過多而無法完成的部分可以延到明天、也就是星期三再寫，因為那部分最晚在星期四之前完成即可。

除了家庭作業之外，孩子還必須練習單字，並準備即將到來的生物小考。但如果你可以將這兩項任務的份量分散到更多天、每天十分鐘，甚至在星期六可以額外增加一小時，那根據我的經驗，那一週將會進行得相當順利。

「每天只有一小時在我們家完全行不通啊！我家孩子真的有太多事得做了！」我常聽到家長這樣說。這時候，讓我們重新仔細審視平常一週的時間安排，我們常會發現：「哎呀，我們忘記星期五下午了——那天天氣很好，所以我們沒有做任何事。還有星期四是孩子的生日，也沒有安排任何作業時間。大家只清楚記得星期二，孩子花了超級久的時間坐在那裡，因為他有太多事得做了。」

假如孩子確實每天都非常專心讀書、寫功課，但無法於時間內跟上進度的情形卻已經持續數個星期了，那我們就必須進行截然不同的決策：我家孩子究竟是否去對了正確的學校、適合的學校類型？

如果經過審慎的考量、判斷之後，我仍覺得答案是對的，那我就可以說：「好的，那我們每天就花個一個半小時吧！」我們必須記得，過了一天漫長的上學日之後，一個半小時對孩子而言是很長的時間，他們的合作意願會迅速下滑，尤其在面對自己的爸媽時會更明顯。

總結：有效且迅速的做法

總而言之，我想傳達的是：我的首要目標是讓孩子學會如何快速、有效率地處理家庭作業，即使是那些常被認為較不重要的部分也一樣。我刻意用「處理」這個詞，因為你現在應該也知道了，在我看來，家庭作業通常跟學習本身毫無關聯。儘管如此，我仍認為孩子應該要有良好的在校表現，而我們的學校目前就是長這樣，這沒辦法。學校與學習在我心中的理想樣貌和多數孩子碰上的現實情況截然不同。他們的現實是，每天都有五項之多的不同家庭作業，其中有些比較合理、有些沒有。但如果孩子能夠學會快速處理這些家庭作業的話，那他們在學校就會過得比較好、比較舒服。

若以此為目標，我在前面所描述的內容能夠有所幫助。我們在這裡快速回顧一下吧：

- 我們一起決定應該在什麼**時間點**做家庭作業。
- 我們以美好的**開場儀式**（例如一首歌）進入寫作業時間，或許可以進行小小的**專注遊戲**以振奮孩子的情緒，並讓他們確實地動腦。
- 快速地詢問孩子的**基本需求**：有吃飽、喝夠水、充分活動嗎？有什麼心煩的事嗎？
- 接著，我們規劃一份**學習計畫**，將接下來一小時內應該做的學習任務或家庭作業，切割成五份容易掌握的階段任務。
- 緊接著，我們依據已經決定好的段落時限設定**計時器**，也就是孩子最久能夠專注的時間；有些孩子是三分鐘，有些是十五分鐘，因人而異。

- 允許孩子自己選擇**學習地點與姿勢**，接著，開始倒數計時，認真地將專注時間視為「魔術時間」，期間沒有任何東西會使我和我的腦袋從手邊作業分心。
- 倒數計時結束時，我們進入小小的**中場休息**，動一動筋骨、開心地笑一笑，並呼吸新鮮空氣。
- 以計時器開始倒數下一次的專注時間，而當**一個鐘頭結束**時，我們當然不用太過死板——多做個五分鐘也不會怎樣啦。

如果聽從了上述的建議，那我們就可以理直氣壯地說：「很好，現在你已經依照我們所希望的方式、必要的方式好好地認真過了，太棒了！沒錯，我們或許還沒完成所有任務，那是因為你還不熟悉這種新的工作方式。只要我們更常做、更常練習，你就會更熟練、更能夠在時限內完成任務。雖然你現在沒有將所有任務都做完，那也不成問題。我們已經使盡最大的全力了！」

假如孩子沒有做完所有任務的話，我們應該進一步強調：「我們沒有成功將所有作業做完，這是另一項次要目標。讓我們來看一下，我們把哪些東西做完了、哪些還沒，然後思考一下可能的原因是什麼。你有沒有什麼地方因為做得太慢、或超出必要的程度過於仔細，而浪費了一些時間？我們可以從中學到什麼、讓明天做得更好？」接著，你可以再說類似這樣的話：「我們現在幾乎還沒碰英文作業，代表我們明天得從英文開始。但這樣或許別的科目就沒辦法全部做完。」即使孩子在一個小時過後仍未完成所有任務，你仍能以這種態度保持冷靜。目前的情況就是這樣了，那就接受吧。

最重要的是過程中的經驗——因為我們真的很專心、同時又保持心情愉悅地寫作業，於是從中獲得成就感。這就是一切的重點，最為重要的終極目標。現在，我們已經把這些概念弄清楚了，接下來的關鍵步驟就是將它們傳授給孩子了。

第九章

家庭作業：問題與答案

該如何設置孩子的書桌？

當然啦，我收到過許多關於家庭作業的問題。有些問題我們已經在上一個章節中提過、回答過了，現在我想要更進一步仔細探討這個主題。

其中，我尤其常被問到關於書桌的問題——許多家長覺得，孩子開始上學之後，他們的房間內就需要有一張自己的書桌。對此，我一律表示：「如果你家房間內有空間、你又覺得需要的話，那你當然可以這麼做。但孩子不需要有書桌才能寫功課。」

如果你家孩子很喜歡動手做勞作，而且因為下面有弟弟、妹妹而想要將口紅膠、樂高積木組或豆豆燙膠珠（Bügelperlen）等材料收好的話，那我覺得在孩子的房間放一張書桌很合理。至於家庭作業及讀書等學習活動，我一向建議在餐桌或廚房工作桌上進行。你在接下來的幾頁了，就會知道為什麼了。

最好在餐桌上

首先，考量到學校所使用的筆記本與課本大小，童用書桌通常都太小了。筆記本通常為Ａ４紙張大小，翻開後就會變成Ａ３大小，再加上攤開的課本、打開的鉛筆盒……光是這些，一張常見的童用書桌就已經被塞滿了。在這種情況下根本不可能讀得下書，因為孩子會一直覺得：「如果我現在把這個東西推開，那就會有其他東西從書桌右邊掉下去。」或者：「我的手肘下面一直墊著一堆紙和書，我根本不能好好地寫字。」麻煩的是，孩子通常並未察覺這件事，反而是下意識地感覺到某種模糊的不適感——而這正是我們想要避免的，因為我們努力想要追求的正向學習經驗會因此受到阻礙，或甚至無法產生。

這就是為什麼我總是說：一大片空曠的桌面是最完美的。這樣一來，當我們想把某個東西推開或擺到一旁時，也完全沒有問題，其他東西不會因此掉下桌子。而且，最棒的部分是當孩子寫完家庭作業之後，必須得把所有東西收起來，因為等一下桌面就得用來吃飯或煮飯了。如果孩子是在自己房內的書桌上寫功課的話，學校的東西通常都會直接被丟在桌上，最後呈現一團混亂。相較之下，在孩子清空桌上的東西、將隔天上學所需物品收入書包的同時，他們也算是在為另一天全新的上學日做準備，並為當日的家庭作業畫下句點——完美地開啟接下來的自由時間。

不推薦童用書桌的其他原因

在兒童房內擺放書桌對年紀較小的孩童而言，挑戰度來得特別高——這是第二個反對童用書桌的原因。尤其是小學生坐在充滿可愛玩具的房間內，想必比工整地填滿作業簿或算完除法學習單來得有趣許多。但許多家長會跟他們的孩子說：「你現在回房間寫功課，我二十分鐘之後會來看你。」於是，孩子回到自己的房間、在說好的時間聽見父母的步伐走向房間，他們會馬上停止本來在做的事、在玩的東西，跳起來、看著走入房間的父母，覺得自己做壞事被逮到了。我全然理解孩子的行為——沒辦法，誘惑就是太大了嘛。這就像是你去期待一個大人可以一邊看Netflix或滑Instagram，還能一邊高效率地工作一般。我們大家都懂那種感覺——我們隨時隨地身上都帶著以手機形式呈現的無止盡誘惑。

這時候，絕對有用的解決辦法可不是將這份誘惑直接擺在視線範圍內吧。在大人的情境中，我們應該把手機翻面蓋起來或者關機；在孩子的情境中，基本上就是不要在距離玩具很近的地方寫功課。

即使進入青春期，事情也不會變得比較簡單。玩具的誘惑或許不會再這麼大了，但床的誘惑肯定不得了。到了這個年紀時，房間內最具誘惑力的東西就是床，它有如磁鐵似的，將青少年吸入它的魔咒中、呈現水平的姿態。

這就是為什麼我會說，如果你們想要在桌面讀書、寫作業的話，那就應該選用餐桌或廚房工作桌。

將孩子的書桌放在家長的書房內

在我工作這麼多年以來，我很少看到有孩子具備能夠獨自於房內寫功課所需的自制力。現在，如果你說：「但我家孩子做得很好耶，而且是每天喔！」那很棒，而且如果是這樣的話，我也絕不會建議你做任何改變。

不過，在我的經驗裡，這種案例實在少之又少。其中一個原因是，孩子的書桌上總是充滿其他跟課業無關、備受孩子珍視的東西，像是友誼紀念冊、漫畫書或樂高積木公仔。因此，想要快速整理書桌桌面、清出空間寫作業，可說是一大難事。但在餐桌上達到這件事，相對迅速、容易許多。

有一個已獲證實的不錯解法（尤其是在疫情期間）是：如果孩子有自己的書桌、而且空間足夠的話，那就將他們的書桌設置於家長的書房內吧。這個方法之所以行得通，是因為親子雙方能夠同時受惠於這種互相支持的工作氛圍，但前提是家長在居家工作時，不能一直使用手機。

基於這一點，我會建議家長在孩子寫功課的同時，自己也坐在旁邊，與孩子的專注時間同步、一起專心工作。這種做法能夠營造出非常良好且寧靜的學習環境。

該如何建立良好的學習環境？

順帶一提，能夠促進生產力的安靜環境正是為什麼這麼多大學生會去圖書館的原因。舉例來說，他們會為了準備考試而使用圖書館，這種寧靜的特殊學習環境與周遭許多其他專注地埋頭苦讀的人，可以幫助他們維持在軌道上。

小小提醒一下：這些人是已經完成十二年或十三年中小學教育的大學生。如果我們看到一位小學生自我管理及謹守紀律的能力相對低落許多，而理性思考能力幾乎尚未發展，計畫及評估自身行為後果的能力也相差甚遠，但我們現在卻突然期待他可以在自己的臥房內、坐在童用書桌邊乖乖地做一些「無聊」的作業，那我們會發現這種期待究竟多麼地奇怪且誇張。

因此，我的建議是：試著盡可能在寫作業的時間內營造出類似圖書館的氛圍，包括同樣適用於所有圖書館的一條絕對法則——將所有手機切成靜音或關機！有些家長甚至會將家裡的門鈴關掉。飲料必須放在地上，以免在桌上打翻、將所有作業浸濕。此外，我們的動作必須很輕、很小心，這樣才不會打擾到別人。

想要在家中營造出這種氛圍其實相當困難，因為一般來說，家中的氣氛完全不一樣，一切通常都會很大聲、混亂、充滿活力。正因如此，利用開場與結束儀式來建立清楚的架構顯得更加重要，因為它替我們劃定了界線表示：「從現在開始的一個小時內，要像在圖書館內一樣安靜，然後在結束之後，大家就可以恢復大聲說話了。」這條規定需要練習，但也只需要稍作練習就能夠順利執行了，而且大家都可以從中獲益。

該如何處理弟弟、妹妹？

我們已經在前面幾頁看到孩子如何在開場曲、學習計畫、專注遊戲、計時器，以及圖書館般的安靜環境等輔助之下，順利於一小時內高度專注地完成家庭作業。讓這些步驟順利進行的前提是：家中只有一個孩子。

或有兩個孩子也行——如果兩人都使用這種方法寫功課的話。但如果家中有還沒上學的弟弟、妹妹呢？該如何處理？這種情況著實是一大挑戰，因為——我這麼說當然沒有惡意——小小孩可以徹底毀掉所有規劃詳盡、方法落實的讀書時間。他們會跑來跑去、製造噪音、不斷提出問題、亂丟東西，也不想知道任何關於安靜圖書館的事——反正他們做的就是小小孩會做的事嘛，所以如果家中已經上小學的孩子因為有兩歲的弟弟或妹妹一直打斷他們專心、在房間內到處亂丟積木，那你也不能責怪他們。我就老實說吧——對於這種情況，很可惜地，我並沒有任何神奇解法。儘管如此，每天想辦法讓孩子能夠安靜個一小時仍然相當重要，甚至是小小孩也一樣，又或者應該說，尤其是小小孩更應如此。那該怎麼做呢？

直接讓弟弟、妹妹一起坐下

將這個方法用在已經四、五歲的弟弟妹妹身上通常行得通，事實上，他們通常會很喜歡跟哥哥、姊姊一起坐下來寫功課，這會讓他們覺得自己已經長大了！他們不但可以融入哥哥、姊姊，而且他們本身與他們的任務就跟自己所景仰的哥哥、姊姊一樣重要呢。我時常經歷這種效果，所有人都能於其中獲益——年紀較大的孩子與爸媽可以安靜地寫家庭作業，而年紀較小的孩子可以在開始上學之前，就學會「坐在桌邊專心讀書」的概念。

針對這種情境，我會建議使用學齡前練習簿。這類材料現在可說是不勝枚舉、形式包羅萬象，包括畫弧線練習、簡易數學題目，以及許多漂亮的著色本。這裡的好處在於，小小孩也能擁有自己的、真正的書，讓他們可以為此感到驕傲，同時也有自己的重要家庭作業可以做，就跟哥哥、姊姊一樣。

我也會先帶領年紀較小的孩子瞭解他們的任務內容。我們前面已經探討過該如何與年紀較大的孩子一起建立學習計畫了，而在這邊我們就跟小小孩一起做一樣的事：「你接下來十五分鐘要做什麼呢？啊，你想要幫這一頁上色，好主意！那就開始吧！」接著就按下計時器開始倒數，當然啦，當十五分鐘結束之後，也應該看一看小小孩的作業，問他們：「你剛才畫畫的時候感覺怎麼樣呢？覺得哪裡簡單、哪裡很難？」

像這類我們會問年紀較大的孩子的反身思考問題，也可以、甚至也應該拿來問小小孩——熟能生巧！

「讓小孩好好地當小孩！」

每當我建議別人使用上述方法讓弟弟、妹妹加入作業時間時，常會聽到小標題這類異議。有時候會聽到這種表達方式：「孩子到底為什麼要四、五歲時就開始讀書啊？原本就已經夠早了吧！」

在孩子開始接受義務教育之前，我舉雙手贊成他們應該先好好地當「小孩」。因此，當我們為了幫助學齡孩子的家庭作業而讓小小孩一起坐下時，跟「學齡前課程」其實毫無關聯。

我認為，更重要的問題是：該如何為家中學齡孩子打造安靜的讀書氣氛，讓他們可以專心投入他們應該做且——理想上——想做的事？讓小小孩一起坐下只不過是達成這個目標的手段，只要我們可以確保這樣的安排是有趣的、不會施加任何壓力（好比說「現在趕快去算數學作業！」），或者不斷地糾正錯誤說：「你其實可以再寫得更整齊！」那這項手段就可以讓大家全都從中受益，沒有人會因此損失任何東西。

總而言之，小小孩應該要能享受他們的任務、將它們視為美好的事，而且能夠以他們自己覺得適合的方式快樂、自在地加入作業時間。

運用特別的東西

針對那些完全不想好好坐下的孩子，或是遇到上述方法真的行不通的狀況時，我會建議你為家中的弟弟、妹妹打造一個美好的小盒子，裡面放入許多特別的東西，像是一本特別漂亮的著色本，是他們在「正常情況」下得不到的，只有在這一小時的「魔術時間」內才有。如此一來，對小小孩而言，這一個鐘頭也同樣具備神奇的效果了。

特別挑選的手工藝組，或者任何其他特別的、孩子通常無法取得的東西，都可以達到同樣的效果。

除此之外，「集中注意力播放清單」（同樣能在我的網站上取得）也很有幫助。

這些音樂能夠營造出讓人專注的溫馨、舒適氛圍，我常會驚訝地發現，它們就連在小小孩身上都能發揮很好的效用。而我也聽過其他使用這張歌單的幼兒園老師分享類似的經驗，像是：「孩子們突然之間就有辦法靜靜地做一個小時半的勞作了。」要在幼兒園內達到這個境界，可不是什麼容易的事喔，所以給這些音樂一個機會吧！

務必認真執行

在一小時的魔術時間內，學齡孩子不准打斷、分心，年紀較小的弟弟、妹妹也一樣。因為正如前文所說的，魔術時間必須執行特定的規則——這套用在所有人身上。如果你能夠認真地向小小孩解說規定、強調並遵守，即使是年紀很小的孩子也能夠理解。

假如你持續做了一番努力之後仍然行不通的話，那還有另一種可能選項——我認識一些家長會在魔術時間內，成功讓三歲幼童自己待在房間內聆聽有聲書。他們也可以每天在房間內玩一個特別寶貴的玩具一小時。如果小小孩不想要自己待在房間內的話——每個孩子的個別情況不同，這完全可以理解——那你向他提出建議，像是那你可以建議他：「那你就坐在沙發上、戴耳機聽一些好聽的東西吧。」

有時候，特別好吃、需要花很多時間吃完的點心也很有幫助。不過，這裡的「很多時間」只是一個相對概念，因為一旦小小孩聽到中場休息的歌曲響起，他們也可以加入哥哥、姊姊，一起跑來跑去、歡笑或到戶外透透氣。

下下策：看電視

最後的下下策或許比較缺乏教育意義，在執行上也稍微困難，但卻絕對有用且有效，那就是：讓小小孩看電視。這種做法很可能會造成他們兄弟姊妹之間的衝突，因為比起寫功課，已經開始上學的哥哥、姊姊勢必也會更想要看電視。但如果所有上述辦法都行不通的話，我們只好使用看電視這個最終方案了。原因很簡單——我們必須認真看待讀書時間。沒有安靜的學習環境，就沒有辦法專注；沒有專注，就沒有辦法真正學習。而那將會對學齡孩子及全家人帶來負面影響，所以從這個角度來看，我認為這個方法就顯得合理且正當了。

另一個方法是在這段時間內找人來照顧家中的小小孩——爺爺奶奶、外公外婆、姑姑叔伯、阿姨舅舅，或是值得信賴的鄰居……這一切當然取決於你們的人際網路。或者，如果有另一半的話，等待對方下班回家、分工照顧通常是個不錯的辦法。雖然那通常意味著必須等到晚上，但反正對於家庭作業來說，沒有所謂理想的時間點，只有每個家庭各自適合的時間點。尤其再加上小小孩到了晚上之後，有很高的機率已經上床睡覺了，大家就能享有片刻寧靜了。

推薦尋找「交換夥伴」嗎？

我所說的「交換夥伴」通常指的是孩子同學的家長。也就是說，當我在跟自家孩子與交換夥伴的孩子一起寫家庭作業時，我家年紀較小的孩子就送去跟交換夥伴及他們家的小小孩那裡；反之亦然，或者可以輪流交換。又或者讓家中的學齡孩子去交換夥伴的家裡寫功課，因為他們家沒有小小孩。我誠心推薦試試看這個方法，而且建議積極主動去聯絡其他家長。

這種交換機制還有另一項優點：輔導別人家的孩子寫家庭作業簡單許多。事實上，我在這幾頁中所寫的建議內容，比起拿去用在其他孩子身上，用在自家孩子身上的難度高出許多。所以，我很喜歡建議家長可以在家庭作業和學習時間採取「交換小孩」的方式，好比說：「我可以教你家兒子數學，你教我家女兒德文。」如此一來，大家皆歡喜、不會發生衝突、家庭作業全部如實做完……每個人都是贏家。你絕對不會相信，每當家長成功建立出這般體制時，他們在跟我轉述時有多麼地開心。

爺爺奶奶、外公外婆或叔叔等親戚透過視訊通話「到家裡拜訪」，並且與孩子一起學習、討論家庭作業——這種做法的效果在全球疫情期間尤其獲得證實。如果你現在暗自心想：「說比做簡單啦！」的確是真的，一點也不錯，但是另一種選項——也就是獨自面對一切——所導致的結果可能為大家帶來更多壓力，包括場面混亂、大人挫敗地大吼、孩子氣餒地哭泣、家庭作業沒做完、孩子在學校面臨困境……這些全都明顯糟糕許多。我知道這方面在執行上有很多限制，但我也知道很多家長已經成功打破這些限制了。

寫家庭作業和回家練習的差異為何？

簡單來說，家庭作業就是由老師指派、被寫在家庭作業聯絡簿內的任務，而回家練習的是一切跟家庭作業無關的事情，雖然兩者有時候當然會有所重疊，例如老師可能會將「**練習**新單字」指派成**家庭作業**。

我認為「練習」跟家庭作業不一樣，前者極具意義。唯獨可惜的是，我們並不總是擁有足夠的時間進行練習。對我而言，這就是為什麼孩子應該學會有效、自主工作的另一個原因，這樣才能留有更多時間進行練習。來個簡單的定義：練習是記憶、內化學習內容的過程。當我們已經針對學習內容下了一番功夫，但與「能夠自動喚回記憶」的程度仍相差甚遠時，我們就必須練習。而後者這種「自動化」才是通往真正「學會」的關鍵一步。

舉九九乘法表為例，學習者必須將它完全「吸收」，正著背、倒著背，從左到右、從上到下，這是因為如果你「只有」弄懂，還必須一直繼續進行其他運算的話，那就不可能好好地跟上數學課的進度了。所以說，我們在這裡與其他許多地方必須提供孩子幫助，確保他們將這些內容完全內化，之後才能夠迅速、無礙地喚回記憶。好消息是，我們不需要拿作業簿坐在桌邊就能達成這件事了。事實上，像是用粉筆畫在室外的跳格子遊戲、一首停止歌曲或一條數學跑跳路線，都可以更加有效地練習九九乘法表。你可以在本書印有彩色圖片的頁面一瞥這些實用方法的執行現場。

是否該替孩子的作業訂正錯誤？

許多家長都會想這個問題。一方面，因為當家長這麼做的時候，經常會導向挫折與爭執的局面；另一方面，他們又希望能避免錯誤變得根深柢固。

當我問小學老師他們希望家長怎麼做的時候，他們大多會回答：「拜託不要糾正！」因為這樣老師才能快速地從作業簿中看出孩子當前的學習進度，以及他們必須繼續加強的地方。所以我總是會建議大家去問老師。

不過，我在這裡常會聽到一種相當合理的反駁說法：「可是，比起孩子在課堂上只聽到老師說：『啊，這裡寫錯了，好的。』如果我心平氣和地跟我家孩子討論錯誤，他們可以學到更多。事實上，他們不懂那些被圈起來糾錯的地方，因為在學校所做的訂正和討論並不像在家裡那麼徹底，反而常常只會塗掉、填正確的答案。」

許多家長也會跟我說：「這個老師、那個老師根本作業連改都不改！」這其實也可以理解，畢竟沒有人可以每天都幫二十五個孩子改所有作業嘛。所以，我有辦法理解那些表示「那我不如自己來訂正」的家長。

這也是為什麼我會建議家長事先找老師討論「訂正」這件事，並且無論如何都得在作業聯絡簿中寫下孩子仍然覺得哪些地方困難，或是用其他方式與老師溝通。到頭來，這正是老師想要看見孩子哪裡寫錯的主要原因，這種做法可算是不錯的折衷方式。不過，有一點必須要注意的是，家長可能會在訂正作業的時候自己犯錯，導致孩子陷入困惑。

這種狀況相當常見，因為我們的教育體制每隔幾年就會進行改革，例如減法算式就有各種寫法，不同學年、不同邦可能會使用不同方式，而且通常都不是家長以前在學校學過的寫法。這時候，如果他們介入、告訴孩子：「不對，不是那樣，我跟你說一下怎樣寫才對。」那就相當惱人了。要避免這種情況的話，可以在遇到疑惑的時候先詢問老師，或是仔細將孩子的課本讀過一遍——目前使用的方法就寫在裡面喔。也正因如此，許多家長座談會都會拿來示範新方法如何運作。不過，訂正錯誤實在是相當重要的主題，我們在第十章會再更詳細地討論。

孩子中場休息時能看電視嗎？

好問題。許多孩子一放學就馬上想要看電視，又或者是開始寫功課之前或寫完之後，這樣是可以的嗎？

我完全理解在努力用功了一整天之後想要好好放鬆的心情。我們大人自己也再清楚不過了，在充滿壓力的一天終於結束之後，我們精疲力竭地想著：「我現在唯一能做的事就是坐在電視機前面。」這也是因為電視或線上串流平台充滿了好看的影集，令人上癮——對孩子來說更是如此。

我完全沒有想要將媒體妖魔化，單純只是想要表達，孩子在學校經歷了一整天的壓力之後，所需要的並不是看電視。電視並不是一個適合用來強化（自我）調節的工具；當孩子想要重新恢復平衡、精力的時候，電視並不是他們所需要的東西。這個道理在大人也適用於大人身上。

不管是大人或小孩，更加合理且有效的做法是直接走到戶外，呼吸新鮮空氣、活動活動筋骨。

我的目標是讓孩子可以清楚認識自己，有能力察覺到：「啊哈，我現在又有這種奇怪的感覺了，有一點累、脾氣暴躁又無精打采，想要看電視的衝動又出現了。但我已經學會了，此時此刻這麼做對我的腦袋和精神都沒有好處。這時候看電視並不是正向的舉動，不像家庭電影之夜那樣，全家人坐在一起，還有爆米花吃。」相反地，放學後看電視是一種補償行為，出發點全然只是不適感，而這一點正是進一步導向成癮的關鍵。這個道理同樣適用於其他所有成癮物質：我之所以會跟朋友一起飲酒，是因為我們大家一起坐在一個很歡樂的氣氛中、還有人煮了好吃的食物？或者我是因為心情不好才來喝一杯，不去處理導致我感到不舒服的原因？

如果你在那些疲勞的時刻，將手機擱在一旁、出門散步二十分鐘，或者一邊打掃家裡環境、一邊跟朋友講電話，而因此感覺好多了，那不會有人真的去反駁你的。大家做了這些事之後，就會覺得：「我現在又重新調節好了，已經恢復平衡，又有興趣去做一些事了。」

另一個不要看電視的原因是：當我們確實地將某項任務學習完畢之後，其內容會持續在我們的潛意識中鞏固、強化。如果我們在剛學習完畢就馬上切開電視的話，就會破壞了這段重要的後續時間，因為電視所呈現的強烈視覺刺激會立刻蓋過稍早的學習內容。因此，我的建議是最好能夠跟孩子一起針對「學習完畢之後的時間」開發自我調節的策略。每個孩子適合的策略不盡相同，但看電視絕對不是一個可能選項。

雖然這麼說，但這並不代表完全不該看電視喔。只不過不要把它拿來當作調節工作，也不要在剛讀完書的時候馬上這麼做。相較合理的協定應該像是說：「如果你想要的話，在我們家晚上六點到七點是可以看電視的時間。」

你可以在亞妮卡・歐斯特霍夫（Anika Osthoff）及里歐妮・盧茲（Leonie Lutz）合著的書作《以陪伴取代禁止》（*Begleiten statt verbieten*）中找到更多跟孩子與媒體使用相關的良好建議。

該如何讓孩子在寫完功課後練習閱讀？

許多家長也會額外加上這道問題：「他們常常缺乏練習閱讀的動力。」我幾乎不必特別解釋閱讀能力的重要性。當孩子具備良好閱讀能力時，學校裡的所有科目及所有作業都會變得相對輕鬆。

學習閱讀常常是一個艱難、費力的過程。這是因為在一開始，孩子「能夠」閱讀及「有興趣」閱讀的東西之間存在著巨大的落差。舉例來說，小學一年級的孩子要讀「momo」和「lilo」等利用他們已經學過的字母拼湊出來的人工造字。可是，他們對「momo」和「lilo」根本沒有興趣，他們感興趣的是寶可夢（Pokémon）。幾乎不會有哪個孩子對前者這類文本喜歡到願意培養閱讀動機，所以我建議盡快捨棄這類入門的文本，因為它們通常對於孩子的閱讀動機弊大於利。如果這些內容對孩子而言不構成困難的話，那他們自然會很樂意去讀。不過，如果他們遇到困難的話，我就會採取一些好玩、吸引人的方法來改善這些無聊的閱讀文本，將它們轉換成真正能夠提供閱讀機會的內容。所謂「閱讀機會」的意思是，孩子會有實質的理由進行閱讀。內容或許會包含一些他們不認識的字母，但因為他們對文本內容感興趣，所以會將不熟悉的字母視為一種挑戰，並因此有興趣破解密碼。

閱讀第一步：朗讀

孩子通常能夠以出乎意料的程度掌握那些含有不認識的字母及單字的文本，因為在學習閱讀時，最重要的就是動機。我們不斷地讓孩子閱讀含有不認識的字母及單字的文本，直到他們的閱讀能力能夠跟他們感興趣的文本程度相符為止。有些孩子在三年級就已經能夠達到這種程度，有些孩子要等到五年級、有些等到七年級。可惜的是，在孩童全體人口當中有百分之二十的人無法順利完成學校教育，尤其是出身於教育背景相較不足的家庭的孩子，即使上過學（！）也可能變成功能性文盲。

在面對孩子本身真正懷有熱情的文本時，如果他們能夠愈早成功順利閱讀，那當然是愈好的。事實上，在這項技能的及得上如果拖得愈久，學習閱讀這件事就會變得愈困難，因為隨著人的成長，感興趣的事物只會變得愈來愈複雜，此時他們就可能會因為缺乏閱讀能力而無法享受閱讀的樂趣。

這就是為什麼「打從一年級就步上正軌」及「盡快消除能力與興趣之間的落差」這兩件事如此重要。當你能夠愈清楚地認知到我們在這裡所探討的情況，那這一切就會變得更容易理解了——朗讀正是培養閱讀能力的第一步，也是最重要的一步，在襁褓中就應該開始進行。

我建議家長持續為孩子朗讀，直到他們有辦法自己每天至少獨立閱讀十五分鐘為止，所以即使是十歲的孩子，我晚上還是有可能會為他們朗讀一些東西。在我的經驗中，很多家長都太早停止朗讀了，他們認為：「我家孩子現在已經會閱讀了啊，應該讓他們自己去看書！」可是，他們的閱讀能力可能仍未流利到有辦法順利掌握自己感興趣的書籍。

舉例來說，我會替孩子朗讀《哈利波特》系列書籍，並在每一個章節中只先挑一個小節或一個段落讓孩子自己朗讀，再慢慢增加份量，直到他們有辦法一次讀完一整頁為止。接著，大人再次接手朗讀。我們以這種方式一步、一步地進行，隨著時間的累積，孩子久而久之就會自己持續閱讀了。所以，我再重申一次：持續為孩子朗讀，直到孩子有辦法自己閱讀為止。

閱讀第二步：創造真正的閱讀機會

剛開始孩子仍無法流暢閱讀的時候，我們應該要致力打造真正的閱讀機會，包括像是讓孩子在超市內將採買清單大聲唸出來，這樣就有合理的理由讓他們在特定的時刻閱讀特定的文本。當孩子能夠以這種方式做出貢獻，他們也會覺得很有參與感，而且以自己為傲。

其他實際的閱讀機會包括：等紅燈時閱讀廣告海報、跟孩子一起煮飯時讀食譜（最好能使用兒童版食譜），以及各種新遊戲或手工藝DIY組的說明書。另外還有指定寫給孩子的書信訊息，可能是奶奶在WhatsApp上傳來的私人訊息（給初學者閱讀時，記得將手機的字體調大）、乾爸和乾媽寫給孩子的明信片，或是住在你們家的精靈或其他想像中的生物捎來的信——可能想要跟孩子說家裡某個人的搞笑故事。（大人的字跡很難閱讀，市面上有一些很棒的明信片應用程式，可以把電子明信片印出來寄送。）

如果你喜歡更好玩的東西，那我推薦ChatterPix這個應用程式。孩子必須拿手機對著某個物品或對象拍照，可以是絨毛娃娃、傢俱或人……都沒關係。好比說，他們拍了一張扶手椅，接著他們可以在照片中的扶手椅上隨處畫一張嘴、按下錄音鍵、唸出一些東西，然後扶手椅就會將同樣的字句重複唸一遍。這應該很容易想像吧——孩子讓各式各樣的東西講話，他們會玩得多麼開心啊！

孩子也很喜歡錄製聲音劇場。多虧了手機的錄音功能，我們現在可以輕鬆、快速地辦到這件事。應該送四歲的小表妹一本繪本當禮物嗎？那我們應該也要一併附贈有聲書吧！這時候，家中正值學齡的孩子就能夠有一個很棒的動機，流暢、清楚地朗誦搭配在圖片旁的文字了。如果可以再想出一些像是真正的聲音劇場中會出現的搭配音效，那就更棒了。

閱讀漫畫書

我在這裡勢必得聲援一下漫畫書，它們完全無緣無故就被貼上「非真正讀物」的標籤，但看漫畫書其實是一個很棒的學習閱讀方式。如果孩子因為最喜歡看漫畫，所以有好幾年的時間都只讀漫畫書，那也一點都沒有問題。連許多大人本身也都一直很喜歡看漫畫——想想那些大受歡迎的圖像小說就好了。

除了經典的《唐老鴨趣味袖珍書》（*Lustiges Taschenbuch*）[3]或《高盧英雄歷險記》（*Asterix & Obelix*）之外，現在市面上還有眾多其他內容兒童適宜的精美漫畫作品。所以，如果你家孩子閱讀的方式是看漫畫的話，那很棒，不要去聽別人說的其他意見。

將「閱讀」打造成一個美好、舒適的儀式才是更加重要的事，像是晚上睡前或週末早上舒服地窩在床上看書，或是坐在沙發上、搭配一杯熱可可也很讚。最重要的事是讓孩子接收到這個訊息：閱讀是一件很棒的事，我很期待閱讀！這就是為什麼「你現在必須再讀這些入門文本十五分鐘」之類的壓力具有如此強大的破壞力，因為壓力可以神速地扼殺閱讀的樂趣。孩子已經必須做很多事了，如果閱讀又變成另一項他們「必須」做的事，那他們很快地就會認為：「閱讀很愚蠢！」而那正是我們無論如何都想要避免的情況。

---

3 譯注：本書尚無中譯本，書名為譯者暫譯。

孩子在閱讀時犯錯，怎麼辦？

孩子在閱讀時，不論是剛開始或過了一段時間之後，都會犯下許多錯誤。如果我們將每個錯字一一指出的話，破壞力會非常強大，因為這會削弱孩子的閱讀動力。更好的做法是讓孩子在讀完文本之後，請他們用自己的話再講一遍剛才的內容。比起斤斤計較地要孩子把每一個字都唸對，這種練習會讓他們的閱讀能力提升更多。

如果你想要糾正一個初學閱讀的孩子，盡量試著以溫柔的方式，並盡可能不要打斷閱讀的韻律，例如你可以只把手放到唸錯的字詞下方就好，不要說任何話。或者，你可以等孩子唸完之後，再請他們把某個句子重唸一遍。在這裡，「角色交換」是一個很有用的方式：你負責大聲、緩慢地朗讀，重複犯一樣的錯，這時候由在一旁一起閱讀的孩子向你指出錯誤。

我們有一些「伎倆」可以提升閱讀動力。有一個非常有效的方式是一起朗讀一本新書，然後你在特別引人入勝的地方突然跳起來、將書攤在原地，並說道：「哎呀，我忘記把洗衣機切下去洗了。等一下馬上回來！」此時，大部分的孩子會自己把書拿起來，當你五分鐘之後再回來時，就會發現他們全神貫注地沉浸於字裡行間。

沒錯，學習閱讀可能真的會非常耗時費力，所以身為大人、榜樣的我們的任務就顯得更加重要了——持續精進、激勵、推薦閱讀材料，並側重於閱讀的樂趣及有趣的文本內容，而不要在孩子閱讀時學究式地指出他們的錯誤，或是惱人地要求他們遵循固定的閱讀順序，像是：「你現在必須再讀這本書十分鐘！」

「但我家孩子毫無興趣讀任何東西！」

每次我聽到家長說這句話的時候——而且我常常聽到——我總是不得不稍微虛偽地笑一下，因為其實有鑑於現今世界上如此大量的文本，根本不可能完全找不到任何一點孩子會喜歡的材料。只不過是還試得不夠罷了。

所以說，常去走訪當地書店、尤其還有公共圖書館，是一項非常重要的活動。如果孩子在那些地方真的找不到任何東西，那你也可以試試雜誌。我曾經有一個學生，他全然、徹底、打從根本地堅決拒絕閱讀，最後他發現了《汽車畫刊》（*Auto-BILD*），他的「抵制閱讀運動」總算告終。他開始密集地狂讀，只花了短短的時間，他的閱讀能力就變得非常優秀了。

另一種同樣不尋常、但也很適合的材料是集換式卡牌，卡片背面會有一小段文字。事實上，任何能夠激勵閱讀的材料都很棒（前提是內容兒童適宜）。

最後，還有一些閱讀應用程式，例如閱讀遊戲 *Antolin Lesespiel*，或是頗受歡迎的 *Anton*。不過，即使是電動遊戲，其中也經常包含閱讀元素。你只需要多去四處看看就會找到的！

順帶一提，你可以在我的 Instagram 帳號上找到一份閱讀書單，集結了一些即使是最惡名昭彰、不願閱讀的孩子都能被激起興趣的書籍。這份推薦書單是我跟社群網友一起整理出來的，你應該有很高的機率能在上面找到適合你家孩子的閱讀材料。

第十章 糾正錯誤

錯誤即機會

我們已經討論過錯誤、如何在不同思維的脈絡下進行最佳處理（見第一章），也討論過家庭作業，尤其還有學習閱讀（見第九章）。不過，由於糾正錯誤也是一個相當重要的主題，我們想要在給它一個完整章節，因為——再次強調——與普遍盛行的想法相反，犯錯其實是學習「如何學習」的大好機會。

我們直覺上當然會想要看到零錯誤的家庭作業、完美無瑕的閱讀表現，但我可以向你保證：你家孩子如果被允許犯錯，並根據自身的強項與發展程度修正錯誤，那他們肯定可以學到更多東西。因此，我們的規則是：每當孩子的某項作業毫無錯誤時，就代表它太簡單了。

當然啦，這個說法是有一點誇張。當我陪孩子花夠久的時間練習某樣東西，然後他們於某個時間點順利做出零錯誤的表現時，我自然也很替他們感到開心。但我前面這句話的意思是：如果他們**馬上**就以零錯誤的表現解決某項新任務，那就代表它太簡單了。

我深信，我們只有經歷過挑戰才能夠成長，所以我們應該擁抱錯誤，因為它們代表著我做了一些自己「還」不會的東西。那很棒，也需要勇氣。我將自己投身於某件乍看之下並不理解的事物，這可以使我成長，而我的錯誤就是這個歷程的見證。

在我看來，沒有什麼事能比「害怕犯錯的孩子」更不利於學習了。我為那些「視犯錯為平常」的孩子感到開心，而我在這種情況下會說：「這裡還有很多需要努力的部分，但只要孩子敢於肩起挑戰，那麼所有的可能性就會全部打開，孩子也正走在『學習某事』的最佳途徑上。」

說到這裡，我們再來回想一下固定型及成長型思維模式兩者之間的差異。我們以這個主題作為本書開場是有其原因的，因為這項差異正是「學習」的絕對根基，同時也是「面對錯誤」的絕對根基。

在固定型思維模式之中，錯誤意味著你「就是不會」某樣東西；相較之下，對於擁有成長型思維模式的人而言，它們只不過代表著：「酷，我找到新的挑戰了，我現在必須練習它！」如果我希望孩子自我超越、嘗試舒適圈以外的事物——因為世界這麼大、這麼多采多姿，還有這麼多東西可以探索、學習啊——那我們勢必得實施、滋養正向的「犯錯文化」（Fehlerkultur）。關於這一點，我的座右銘是：**「不會做錯事的人，也不會做太多其他的事。」**

順帶一提，我在標記錯誤的時候，會用一個特別可愛訂正符號——我會在錯誤的地方旁邊畫一個小小的放大鏡，請孩子像是拿放大鏡一般、再仔細地重看一遍。接著，當孩子找出錯誤並加以訂正之後——可能是在我的幫助之下——我就會在放大鏡符號上多加幾條線，讓它變成光芒四射的太陽。

如此一來，假如孩子的作業上有二十處拼字錯誤，那等他們訂正完之後，就會有二十顆小太陽在對他們微笑。這樣的視覺符號傳達著：錯誤並不是什麼壞事，反而是讓我們能夠慶祝的理由。

除了標記錯誤以外，將孩子做得好的地方標記出來也同等重要。小花、打勾、笑臉等符號跟「哇！」、「酷」、「寫得真棒」或「練習了好多喔！」等簡短字句同樣都很適合。

此外，謹慎選擇糾錯的顏色也很有幫助。好比紅色，許多人認為它是負面的警訊顏色，所以我喜歡使用綠色或粉紅色，但基本上任何顏色都可以。

讓孩子不怕犯錯的五句話

可惜的是，許多孩子害怕犯錯。這也不令人意外，畢竟他們在學校被教了「犯錯是壞事」，會得到哭臉和差勁的分數。基於這樣背景，想要跟孩子練習正向的犯錯文化並不是一件簡單的事，但這絕對值得一試。以下的五個小妙招可以幫助你順利進行：

I. 一向將重點放在已經正確的地方：「你看，這裡全對耶。」或者你可以將寫對的題數算出來說：「哇，你十題裡已經寫對八題了耶！」

II. 關於這個脈絡，有一句很棒的說法：「錯誤即幫助——所以它們才會押韻。」[4]所以，你可以堅定地告訴孩子：「你看，這個錯誤真的很有幫助耶，讓我們可以學到非常多東西。」

III. 或者你可以使用更加活潑、有趣的說法：「噢不，『h』好像跑掉了……等一下，讓我來把它抓回來。它到底應該放在哪裡呢？」（你在說話的同時，記得用手在空中將隱形的「h」抓住。）我在這邊有時候會運用史萊奇動物公仔，例如我會拿一隻嚴厲的貓頭鷹，讓它飛到寫錯的地方、坐在上面，然後問孩子漏寫的「h」跑去哪裡了。

IV. 將重點放在孩子所付出的努力，而不是結果：「已經好多了！你做了這麼多的努力，真是太棒了。我在這裡看到三個寫錯的地方。要不要來打賭——如果你倒過來讀、把每一個字都再看過一遍的話，你一定也能看到它們？」這個方法已經獲得證實，有助於將注意力集中在各別單字上。當我們順著閱讀文本時，我們的眼睛太快就跳到下一個字，但倒著閱讀時，這股向前的衝力就會不見。此時，我們就不會那麼在意內容，反而能一一讀進每一個單字，進而更容易找出拼寫錯誤。

V. 「這裡我覺得我應該要再向你解釋……一次。如果你原本沒寫錯的話，你就不會注意到它。來吧，我們再一起把它看過一遍。」你可以藉此糾正孩子可能因為誤

---

4 譯注：原文為德文常見說法「Fehler sind Helfer-deshalb bestehen sie ja auch aus denselben Buchstaben.」，意思是「錯誤即幫手——所以它們的拼法中有相同的字母」。

解而產生的錯誤。

持續犯錯或錯誤過多，該怎麼辦？

你家孩子是否一直拼錯同一個字，或總是「忘記」將句首第一個字母大寫？我的理論是：孩子之所以會一直犯同樣的錯，唯一的原因就是沒有從錯誤中學習。那為什麼沒有呢？因為孩子會將錯誤與恐懼、羞恥聯想在一起，並且意味著個人失敗，所以他們甚至不願意更加仔細地去審視錯誤，因此無法從中學習。而隨著錯誤不斷重複出現，恐懼與羞恥感變得愈加巨大，而孩子也就更無法從錯誤中獲得學習。

如果你家孩子也因為這種恐懼與羞恥感而苦，那麼最重要的一步就是將兩者徹底消除。而唯一能夠達成這項目標的做法就是開始頌揚錯誤。例如我有一個小橡皮擦，上面寫著：「噢耶！一個錯誤！繼續加油！」

如果我手上有一份錯誤連篇的作業，而我將整份作業中的所有錯誤全都標起來進行訂正，那對孩子而言實在非常令人洩氣。這種做法很快就會讓孩子認為：「我真的什麼都不會做。」除此之外，同時要從這麼多個錯誤中獲得學習也是不可能的事，這通常只會使人無法從任何一個錯誤中學會任何東西。

因此，更好的做法是訂定「重點訂正目標」。我們的重點並不在於讓一個四年級學童有辦法寫出毫無錯誤的作業，而是希望他們能夠真正理解特定的錯誤類型，並且從中獲得學習。

讓我們來舉雙輔音為例。在這裡，你可以先設定一個學習重點：「在這份作業裡有六個單字少了雙輔音喔。你一定可以把它們找出來的。我們要不要再複習一遍規則呢？然後再把這六個單字寫下來，也可以把它們加進我們的單字卡。」

依照這種方式將焦點集中在特定的錯誤類型上，其潛在成效絕對會比你直接將四十個錯誤全數畫出來（而且很可能還用紅筆畫）來得更好。我自己會一直試著時時注意孩子的情況，謹慎地決定要糾正多少錯誤，才能確保他們仍能從中獲得學習。我們的態度及談論錯誤的方式尤其重要（另見第一章），所以我建議大家真的應該在孩子面前頌揚自身犯下的錯誤。舉例來說，假設你嘗試煮一道複雜的料理失敗，這時候你可以稍微演一處小劇場、向孩子示範如何好好地面對它：「噢，天啊，真討厭！沒有成功……我花了這麼多的心力耶，我完全搞不懂。」在這邊，首要向孩子展示的是：失望與負面感受是被允許的。

第二步，你應該要評估錯誤的（不）重要性：「好吧，算了，反正我們大家本來就都會犯錯嘛。今天換我犯錯。」第三步接著尋找導致錯誤的原因：「那可能是因為我分心了，我想要一次同時做太多件事。」或者：「我現在要再把食譜一個步驟、一個步驟重新看過一遍，我一定可以找出剛才漏掉的地方。以後，我要開始煮東西之前，會記得把食譜多讀幾遍。不過這樣也是挺棒的，因為如果剛才沒有犯下這個錯的話，我現在就不會學到這一課了呢。」

很少犯錯的孩子呢？

一方面，這樣很棒啊！但就另一方面來看，這也是一個問題，因為事情不可能永遠維持這樣。

有些孩子在小學時期可以毫無瑕疵地完成所有作業，有些孩子能將這種狀態一直保持到中學時期，因為基本上他們做任何事都能輕鬆自如。不過，最晚等到進入大學之後，他們一定會遇上真正的挑戰——而這時候，可能就危險了。因為在過去這麼多年以來，許多這類「不會犯錯」的人難免已經形成強烈的固定型思維模式：「我的智商很高，因為我總能馬上將所有事做對、做好！」這種思維模式常常會使人在大學時期突然遇到挫折時陷入絕望，接著就很容易得出這種結論：「我錯了，我其實根本沒有那麼聰明嘛，這個科系不適合我，我都不會，最好別碰為妙。」（亦可見第一章）

於是，我們常遇到這種可惜的情況：極端聰明的人在大學時期想要輟學，而且並不是因為他們缺乏智能上的要求，而單純是因為他們從未學習過該如何處理錯誤與失敗。因此，改變學校及課堂上的教學方式，確保每一個孩子都能接觸到真正的挑戰，這是一件非常重要的事。不過，目前的教育體制主要仍只要求孩子達到平均水準的表現——這種程度對某些孩子而言已經足以構成挑戰，但在光譜另一端的孩子反而持續處於挑戰不足的情境中。

擺在這些孩子眼前的一大任務，就是儘早面臨並體驗真正的挑戰：「犯錯是我在學習新知的過程中的一部分，而這並不構成問題，因為我可以學會任何東西。我只需要時間、練習，以及良好的策略就行了。」

如果想在學校的範疇以外建立這類挑戰的話，我會建議讓孩子學習一項樂器（最好由他們自己選擇）。

他們在學習的過程中，自然會面臨並體會到自己的極限：「哇，根本不像我原本想的那麼簡單耶。」此外，他們必定會犯下許多錯誤，也必須將某一段樂譜或旋律練習個千次、萬次，直到練成為止。

假如你家孩子對音樂興趣缺缺，那找一項能夠設定遠大目標、加以練習的運動項目也能帶來相同效果。

最重要的結果並不在於孩子現在學會拉小提琴或做側手翻了，而是他們學會了一項人生課題：如果某件事行不通也沒關係，我只要一而再、再而三地嘗試去做就對了。

如何面對小小完美主義者？

許多六、七歲的孩子都有一種自然傾向，想要將所有事情都做得很完美才行。這通常會隨著時間逐漸消散，但雖說如此，將孩子引導至正確方向依然重要。關於這一點並沒有什麼簡單的解法，它反而是一個調適的過程。以下準則可能會對你有些幫助。

第一：確保父母給予的愛與成績互不相關。許多家長會回我：「但我不會在孩子成績不好的時候罵他們啊！」這一點我毫不質疑，但家長常常會在孩子帶回優良成績的時候表現得特別有愛、特別高興。於是，孩子就會將「缺乏頌揚」的情況視為處罰，到最後就會覺得父母對他們的愛取決於他們的成績。所以，我覺得很重要的一點是：我們在其他跟與成績、成就毫不相關的時刻裡，以及孩子可能有所失敗的情境中，特別應該表現出滿滿的愛。

第二：孩子通常不會想要造成父母擔心。他們或許感受到爸爸或媽媽心情不好，想要拿好成績來討他們歡心。在這邊很重要的一點是，記得不斷提醒孩子：「我的問題不是你的問題，我已經長大了，我可以照顧我自己。你可以好好當個小孩，不必照顧我。」

第三：這些孩子可以運用名人的例子來練習處理失敗及錯誤。你還記得「小豬」巴斯蒂安．施魏因施泰格（Bastian Schweinsteiger）二〇一二年於慕尼黑舉辦的歐洲聯賽冠軍盃（Champions-League-Finale）場上，在最關鍵的罰球錯失了得分機會嗎？你可以去YouTube找出那段影片，跟孩子一起重看並試著思考：他在當下可能會有什麼感覺呢？在上百萬人的面前犯下如此重大的過錯？即使他是一名專業球員，大家都仰賴於他？他之後做了什麼？他有跑去跟教練說：「我不會踢足球，我不幹了」嗎？沒有，他去洗澡，他一定自己心裡很難受、很失望、很沮喪，但儘管如此，他隔了幾天之後依然回到球場上繼續練習。而過了幾年之後，「小豬」成為世界冠軍，躋身德國足球史上數一數二重要的足球員。

我們身邊有許多這類的故事，我將它們集結起來放在我的 Instagram 頁面上，尤其獻給所有的小小完美主義者。

第十一章
考試焦慮

從緊張到恐慌

我們已經談了很多關於如何在家進行學習，以及如何在孩子學習時提供最佳支援等方式，但還有另一個非常特別、跟實際學習毫無關聯的挑戰，那就是「考試焦慮」。我們在這裡應該要更仔細地審視這項主題，因為大家有時候在日常語境中使用這個詞彙的方式並不是太嚴謹。而根據我的經驗，其涵蓋範圍相當廣泛，小自輕微緊張、大至恐慌發作。在考試前感受到一定程度的緊張，完全屬於正常現象，而且甚至有其益處——身體會因此釋放腎上腺素，而當血液中帶有腎上腺素時，我們可以更加專注地工作。在這種情況下，我們的學習表現通常會比原先在放鬆情境中所設想或能夠達成的程度來得更好。

因此，當孩子說他們對某項考試感到焦慮時，我們絕對大可以鼓勵他們先欣然擁抱那份焦慮感、為之感到開心、將它視為有用的夥伴，並向孩子解釋道：「你會有這種感覺是好的，也是正確的。你現在可以好好地善用它。」關於這個主題，我最喜歡的一句說法是：「焦慮都是自己想出來的，勇氣也是。」還有：「試著邀請那份緊張感降臨，它能幫助你提升專注力、促進大腦的血液循環，並幫助你更快找出答案。」

唯一重要的點是，這份焦慮感不能變得令人無法招架；很不幸地，有些青少年與年紀較小的孩子正陷於這種情況之中。這可能是由一連串糟糕的考試經驗所導致的結果，但在心理學上，真正的焦慮其實有各式各樣的成因，其中某些情況即使以「考試焦慮」的面貌顯現，但它們或許甚至與眼前的考試根本無關。這就好像有些人即使根本從未真正遇過任何與蜘蛛相關的糟糕經驗，但他們依然發展出對蜘蛛極度恐懼的情緒。

當焦慮使人癱瘓

如果一個人真的深受考試焦慮所苦，那將使他無法處理眼前的情況。導致他無法順利通過考試的是焦慮，而不是知識上、智力上或準備上的不足。

焦慮使人癱瘓、陷入眾所皆知的「斷電」狀態，所有學過的東西似乎頓時消失無蹤。受此影響的人表示，他們會被一些典型的焦慮症狀擊潰，包括顫抖、雙手冰冷、心悸、胃痙攣、暈眩、大量冒汗，或是感覺到緊繃、壓迫等……因此再也無法專注於考試上。

當這種情況重複發生時，他們就會被吸入一種相當糟糕的焦慮循環。之所以會是一種循環，是因為他們在某個時刻會意識到：「噢，焦慮感又出現了！」光是這個想法本身就會使他們對於「預期發生的考試焦慮」產生焦慮，而那只會讓他們變得更加焦慮、更強烈地意識到這件事，然後情況就這樣一直加劇……沒完沒了。在這團愈演愈烈的情緒漩渦內，那份焦慮感只會變得愈來愈嚴重，最後常會導向恐慌發作，致使某些考生不得不逃離考場。

如果你家孩子陷於這般嚴重的焦慮情形，請不要輕忽它，或者將它視為無聊的瑣碎小事或簡單的議題。你應該尋求專業協助，而且盡量愈快愈好，因為這種焦慮會隨著每一次碰到的負面焦慮感或考試經驗而不斷堆疊、加劇。因此，愈早處理愈好。遇到這種情況時，去看兒童心理諮商師是絕對必要的事。如同前面提到的，這背後的成因可能是各式各樣不同的心理問題，必須採取相對應的解決方式對症下藥。

不過，如果你家孩子的考試焦慮情形沒有那麼嚴重的話，有兩個特別有效的小建議可以有所幫助：第一，向相關的老師知會孩子的考試焦慮狀況，這一點很重要，如此一來，老師就會意識到這件事，可以在考試過程中很單純地以帶有鼓勵意味的表情及言語讓孩子稍微更有信心。這種做法通常相當有幫助。

第二，讓孩子理解自己在經歷考試焦慮時、腦袋裡究竟發生了什麼事，這一點也很重要。

在腦袋裡上演的事：雪花水晶球

考試焦慮是一個謎——不是只有許多孩子會這麼覺得，普遍而言也是如此。因為，事實上，通常會有考試焦慮的孩子都是準備得特別充分的孩子（他們試著以充分的準備來減輕焦慮，但常常失敗）。接著，他們在考試中拿到考卷、讀了第一個題目之後，心底就已經開始感覺到或預設接下來可能會出現的焦慮。

假如他們馬上在第一題就不知道答案了，那焦慮便會隨即降臨。他們開始在腦中告訴自己：「噢，天啊，我才在第一題就已經不會了，那我後面一定沒有一題會的！」、「我一定會不及格！」或「我讀了這麼多書，全部都白費了！」最後甚至會想到：「我爸媽會說什麼？」

容我再次提醒：如果身為家長的你，不會對孩子施加成績壓力，而是不斷地向孩子保證，不論他們的學業表現如何，你都愛他們、將他們視為寶貝。這麼做就已經能夠消除許多壓力與隨之而來的焦慮了。

我會用雪花水晶球向孩子解釋，當他們感到焦慮時，腦袋裡發生了什麼事——就是那種拿起來搖一搖、裡面會下雪的玻璃球。當焦慮降臨時，腦袋裡的情況正如同剛被搖晃過的水晶球，人造雪或亮片會張狂地四處亂飄，讓我們無法清楚地看穿水晶球。焦慮的情況正是如此——當它開始佔據我們的腦袋時，我們就再也無法清晰地思考了，基本上就像眼盲了似的，深信自己讀過的所有東西全都消失了。

但事實上，那些東西當然全部都仍然存在，只是我們現在看不到而已，因為焦慮在它們四周迴旋打轉。因此，我們唯一需要做的事就只有等待了，把水晶球穩穩地抓住，好讓亮片或雪花慢慢地完全落定。之後，我們就可以再度清楚地看見球的內部、再度清晰地思考了。

相反地，假如我們向焦慮投降、任它狹持，然後變得失控，那就好像我們不斷地搖晃水晶球似的，不讓雪花好好地落定、回歸平靜。於是，我們需要一個方法可以讓我們將水晶球拿穩，好讓視野變得清晰。有考試焦慮的孩子應該時時暗藏幾步這種妙招。

面對焦慮最重要的解法：呼吸

幸運的是，我們有機會透過呼吸來控制並掌握我們的焦慮感。前提是，我們在處於焦慮情境中的時候，得先確認這份焦慮確實存在，但它此時此刻並不會對我們帶來實質的危害。讓我們拿惡名昭彰的劍齒虎作為反例吧，牠的恐懼在演化上具有重要性，對於生存而言至關重要，能夠在危險情境中促進敏捷反應，所以這份恐懼是健康的，也能夠保命。相較之下，考試焦慮並不健康、也無法幫助我們保命。因此，針對這份特定的焦慮加以調解實屬正當。

一個很有幫助的做法是：依照上文描述向孩子解釋他們腦袋內發生了什麼事，並讓他們知道其實可以先將考試焦慮視為朋友，只不過這個朋友現在變得有點吵、有點叛逆，所以我們必須把他綁起來。而達成這項目標最好的方式，就是利用各式各樣的呼吸技巧，例如「四七八呼吸法」。

其中，我們先邊吸氣、邊數到四——憋氣、數到七——然後再邊吐氣、邊數到八。

不如現在就馬上試試看吧！只要完成個三、四輪呼吸循環即可。我通常會指示孩子去看他們自己的手，並用手指數數：四根手指吸氣、七根暫停、八根吐氣。

一開始可能會有相當的挑戰性，所以剛開始可以數得很快，沒關係。重點並不是要跟著秒數算，而是熟悉這項技巧的操作。多練習之後，很快就能夠搭上秒數的節奏了。

一定要陪著孩子一起練習這個呼吸法！有了這個絕佳的工具之後將終生受用。重要的是，記得先在沒有壓力的情境之下嘗試練習。經過三至四輪呼吸循環之後，就會產生靜心的效果。愈常練習、每次練習的時間愈久，效果就愈顯著。為什麼會這樣呢？因為當我們感到焦慮或有壓力的時候，交感神經——或所謂的「壓力神經」——會特別活躍。我們可以透過憋氣與緩慢吐氣舒緩交感神經，並同時啟動副交感神經，也就是我們神經系統當中的「放鬆神經」。副交感神經可以確保我們身體放鬆，讓我們在感到焦慮的時候仍可以思緒清晰。

順帶一提，這個呼吸法也具有非常好的助眠效果。因此，在孩子睡前也是一個很棒的練習時機。

一旦孩子掌握這項技巧之後，它就像是波濤洶湧大海中的救生圈，讓他們在緊急狀況時可以緊緊抓住，提供安全感與靜心效果。重要的是，在考試情境中，我們必須花夠久的時間執行這項呼吸法才會生效，所以每次至少要做十二輪呼吸循環，或四至五分鐘。除此之外，就再也不用多做什麼了，一股深刻的平靜感便會瀰漫全身。你說呢？

關於考試本身的小妙招

理想上，在進入考試情境之前，孩子應該已經在每次內容相關的作業或小考中學會從自己已經弄懂且拿手的題目開始解決。於是，當孩子的內心重新恢復平靜之後，他們就會將考卷讀過一遍，挑選自己多少能夠作答的題目來寫。

一旦考卷上已經寫了一些東西後，孩子就能冷靜下來，接著往下一題同樣簡單的題目前進。當孩子最後再回來做第一題的時候，常常會發現：「它其實也沒有像我原本想的那樣那麼難嘛。與其說題目真的很難，反倒更是因為剛才焦慮在作祟。」能有這番認知也會幫助孩子在下一次遇到類似狀況時更有效地掌握焦慮。

這項技巧同樣也可以——且必須——事先練習。理想上當然是希望學校可以教孩子這些妙招，但可惜的是實際情況往往並非如此。不過，我知道現在也有很多老師會在考試之前鼓勵全班學生，藉此打造放鬆的考試情境。我有一個身兼老師與部落格作家的朋友——妮娜．托勒（Nina Toller）——對此，她建立了三種「力量姿勢」（Powerpose）。

「力量姿勢」帶來顯著的力量與信心

在這些力量姿勢當中，其中一個是：我們雙腳站得很開，使屁股、大腿和軀幹的所有肌肉變得緊繃，然後雙手握拳、擺在腰上。你現在馬上試試看，就能感受到光是這個姿勢本身就能為你帶來力量、信心與勇氣。

另一個變化姿勢是：我們將單手拳頭擺在腰上，並將另一隻手臂高高舉起（好比超人準備起飛前的姿勢）。

第三個選項是：將雙臂同時高舉，也就是所謂的勝利姿勢。即使你原本也沒有贏得什麼比賽，但這個姿勢能帶來歡欣鼓舞的感受。

妮娜・托勒會在課堂小考之前帶著全班一起做這類姿勢，大家自己選擇一個姿勢、一起做幾次深呼吸。接著，大家一起大聲吼出一些自我肯定的句子，像是：「我完全準備好了。」他們用鼻子吸氣，再用嘴巴吐氣，並說：「我知道我可以做到什麼，我知道要期待什麼，我做得到！」

其他許多有用的技巧

其他老師——尤其是已經完成「正念法」（Achtsamkeitsmethode）進修訓練的人——也會運用小小的呼吸練習來幫助學生調解考試焦慮。大家會在考試之前一起將眼睛閉上、全然放鬆地坐在位置上、專注於平靜地呼吸——拉長吐氣的步驟尤其重要——並藉此平心靜氣。另外，也有老師允許學生攜帶小抄；我們已經在其他地方看過了（見第二章），這是對抗考試焦慮的一個好方法。

還有一種同樣有效的做法是：讓孩子在腦中拜訪一個「安全的地方」。這個地方早在考試前就已經打造完成，做法是由孩子自己想像出所有平靜、安全的空間細節，並經常「回訪」這一幅視覺圖像。就這樣，孩子在腦中創造出一個讓他們感到舒服的地方，溫暖、晴朗、平靜、美好又安全，裡面聚集了所有對他們而言具有重要意義、能夠帶給他們力量的對象。舉例來說，這個地方可能是一棵掛著筆記的樹，上面列滿了所有孩子學過的內容。這時候，孩子只需要放鬆地走向這棵樹、將筆記一頁頁讀過即可，而且知識伸手可及。「安全的地方」是一個很有幫助的心像（mentales Bild），孩子可以在考試之前的呼吸練習期間將它呼喚出來。

總結：考試焦慮不是宿命

不論你家孩子採取哪一種技巧來打對抗足以將人吞噬的考試焦慮，當「雪花水晶球」靜止下來之後，孩子就會變得平靜、能夠再次清楚地思考。你也可以拿這個道理來向孩子解釋他們在使用這類技巧後所感受到的成功體驗。不只是解釋，經驗也一樣重要。

唯有當孩子重複地體驗、感受，並針對自己所選擇的技巧帶來的效果之後，他們才能在有需要的情況下，以足夠的信心再次訴諸於它。當孩子經常體會到自己有辦法獨自控管焦慮時，他們才能夠最順利地克服焦慮。

總而言之，考試焦慮並不是「終生確診」的事，而是一種能夠藉由正確技巧與重複練習而輕鬆掌握的現象。之後，和緩版的考試焦慮——也就是輕微的刺激感或所謂的「考前緊張」——就能夠成為考試時的好朋友了。

第十二章

成績及考試

化不可能為可能

我希望藉由這本書化不可能為可能——我想讓大家知道，即使在現行的教育體系之下，孩子仍然可以享受學習，並且成功學習。我深信，假如我們能有不同的教育體系——更加著重於孩子本身及學術界當前的共識——那麼，這本書所描述的許多內容可能就一點也不重要了。舉例來說，假如學生在要學習什麼、什麼時候學習，以及如何學習等方面能有話語權的話，那許多激發學習動機的方法其實就再也不需要了，因為參與、在能力所及範圍內對自己負責、自我實現及創意等元素，於本質上就已經具備激勵效果。孩子會因為以上這些動機而**想要**學習——這就是我從自己的日常經驗中得出的堅毅信念。

每次我見到一年級生的時候，看到的都是一群非常渴望學習的小孩，想要盡可能學得多、學得快。可惜的是，我們經常在他們的中小學階段，日復一日地餵予一些他們未曾尋求的知識，於是便相當成功地訓練他們遠離原有的那份好奇心、對學習的興趣，以及對知識的渴望。這就像是有人很有禮貌地不斷問你可不可給他一杯水，但你卻一直倒蘋果汁給他。他的真實需求永遠無法獲得滿足，但他在某個時間點之後就再也不會想要喝水了。

現在一些學校有不同的做法，他們會讓學生對自己負責，例如積極地教導孩子「自我調整學習法」。換句話說，這些學校將重點放在每一個科目與每一堂課程該「如何」學習（亦可見第四章）。當我們去看這些學校的學生時，不論是青少年或年紀更小的孩子，都會為他們投注於學習的個人責任、興趣、動機與紀律感到驚豔。而這就是我對於現今學校的批判核心：缺乏個人責任。另一項批判則是大為盛行的考試文化。

考試文化：已經過時了

我們的考試文化早就已經過時了，於學術討論上也站不住腳，但卻依然比照以往的做法繼續實行，搞得好像成績具有客觀重要性與可信度，而且又能根據孩子的知識程度給予回饋意見似的。

有趣的是，我們在體育課和藝術課上，倒是相當清楚評分機制有多麼地不公平，因為孩子在身高、體重或發展等面向的身體素質各不相同嘛。但如果這些身高、體重與身體發展程度不同的孩子，卻得根據他們可以跳得多高、將球拋得多遠而被加以評分，那可不是很荒謬嗎！

或是在藝術課上，假如我們要針對兩幅富有創意、細心描繪的夕陽畫作進行評價——我們其實兩幅畫都很喜歡，因為它們都很漂亮，也都體現出孩子的創意與想像力。但老師卻必須給其中一幅畫「較低分」，因為它沒有達成特定的制式規定。相較於數千年以來人類對於美的定義與討論，這種評分做法實在偏離得太遠了。

一旦你理解評分機制在這些科目中的荒謬，那你就能夠且應該將這個道理套用至其他所有科目上。因為當孩子在面對其他科目與學習內容時，也一樣會帶有不同的先決條件、能力及日常習慣。

然而，目前的整個教學大綱都將重點放在考試與成績。事情會這樣發展：一群大概二十六個相同年紀的孩子坐在同一間教室內，而全體二十六位學生現在必須使用相同的方法學習相同的教材內容，完全不考慮他們各自的智力、既有知識有多麼地不同，他們或許甚至連每天的情緒狀態、個人喜好，以及異質性學習偏好皆大相徑庭（見第二章）。

幾個星期之後，大日子降臨——考試日——星期四早上十點考試。全體二十六位孩子必須於十點整，在人工刻意打造的考試情境下產出他們所習得的知識。在這一場大家皆拿到相同考卷、擁有相同時限的考試中，只有那些最能夠在固定時間內、精確地寫出跟老師的預設答案相符的學生，才會拿到好看的成績。

我實在想不通，怎麼會有人相信我們應該以這種方式為孩子準備好面對未來？

在職業生涯中，這種人造的實驗室情境，以及他們所習得的能力根本就不存在啊。如果你去問專業人士、管理階層和學者：「在今日世界事業成功的必要能力是什麼？」你會聽到他們提到這些詞彙：團隊合作能力、專業能力、良好溝通能力、創意、問題解決能力、目標取向的行動、理解力、靈活度、挫折容忍力、韌性……等等。

以上這些職場與人生必備的能力不但沒有在現行的考試制度中受到鼓勵，甚至其發展更反向受到阻撓。例如，我在學校並不見得要培養團隊合作精神，尤其是在考試上，我必須獨自完成，過程中不准跟坐在隔壁的人合作——即使我之後出社會就必須被迫與同事進行團隊合作。而當涉及背誦答案的部分時，更是絕對不被允許發揮創意。

如果我想不起來某一道公式之類的東西，我不准查詢缺漏的資訊，搞得好像Google不存在似的。即使我有辦法利用最少量的資訊、精妙地解開考試上的應用題，但我還是拿到很差的成績。這一切多麼荒謬啊？跟所有真實工作情境與日常情境差得太遠了吧？

錯誤的優先順序

其中，最令人感到難受的，或許是在美術課之外的科目詆毀創意的現象。一般課程基本上對創意根本毫無要求，以下這種情況反而更加適用：考生寫出的答案如果跟老師預設的愈接近，對他們就愈有利。於是，他們從中學習到：只有單一一條預定好的途徑，以及一個預定好的、非常特定的解決方法。任何其他的東西都不算數，因為它們在考試中都拿不到分數。可是，這種類型的實作評量徹底牴觸了未來職涯所要求的能力，也就是個人責任、創意、問題解決能力、靈活度等。所以，這是一個問題。

另外更嚴重的問題是，這種類型的考試並不是偶爾發生而已，所以我們不能只是忍一下，想說：「好吧，它們只是學校教育的一小部分而已！」不，完全相反，成績和考試就「等於」學校。因為課堂的每一分、每一秒都是為了五週後的考試所安排的。老師的目標是盡量讓更多孩子可以在那次考試中拿到好成績，所以每分每秒都必須為此加以架構。

這反向意味著，當一位老師認為，讓孩子以不同方式獨立學習（不論是在團隊中或獨自一人）或執行自選專題等做法，其實對孩子更加有利時，這位老師、其思維與進一步的課程規劃，卻反倒讓孩子在現行教育體制中處於嚴重劣勢。

這位模範老師所做的事其實才是正確的，可以幫助孩子在人生中有所進步。可是，到最後這位老師卻會因此遭受訓斥，因為在目前的體制中，唯一重要的只有全班下一次考試的平均成績。

當大家在為這種充滿問題的考試準備時，浪費了多少珍貴的生命與課堂時間啊！這種做法所看重的全是孩子在未來人生中根本不需要的能力——這或許也是最荒謬的部分了——那就是：在短時間內盡可能吸收最多學習內容、並以規定的方式如實背誦的能力。這項能力在真實人生中並不會帶來任何報酬，除非你計畫一輩子都一直讀書、準備考試就好。

為了避免誤會，我在這裡聲明：能夠快速習得大量知識並精確地記憶內容，這項能力本身並沒有不好。只不過，就我看來，它能夠應用的範疇顯得相對狹隘，而前文提到的其他能力則可以運用於相對廣泛的各式領域中。可是，我們不但沒有致力培養後面這些能力，反而將整個教育體系的重心放在單一一項於校外沒有太大效用的能力，並且花十二或十三年的時間加以培養。這麼做相當不諳世故又不切實際。而當我們必須對這些能力進行評分時，又會顯得非常荒謬。

成績評量過於簡化

成績評量之於極為複雜的學習過程而言，可說是極端簡化的回饋形式，光看它的呈現形式就知道了：字母A至F[5]。這些簡單的字母到底代表什麼呢？它們對於孩子眼前階段的個人學習過程並無法提供任何指引。這些字母就只是一種正式、膚淺且過於簡化的表示法，所以其實根本沒有什麼幫助、意義或任何引導效果。

事實上，身為老師，我的目標應該是在學生的個別學習過程中提供評語回饋。他們應該要能夠從這些評語回饋邁向潛在的進步，並且知道自己在某個科目的哪些主題中已經表現得很好，但在哪些地方可以、應該或必須持續加強學習。這才是學生在中小學階段為了進步所需要的唯一資訊，有趣、必要，而且有所助益。

在我看來，我們可以先繼續採用標準化的高中畢業資格考試，因為某種程度上來說，它確實幫助簡化大學與職業訓練單位等分發程序。但至於現行的簡化形式究竟是否合理，當然值得我們深入討論。我們也可以試著探討在大學與職業訓練單位分發上，是否仍有其他合理的方法。

不過，在這些有用的討論當中，依然潛藏著一個問題，那就是：在整個中小學階段，成績評量從來不是為了簡化分發程序才存在的啊。事實上，直至八年級以前，我

5 譯注：德國所使用的成績評量體制是以數字1至6表示。其中，最高分為1表現優異、2表現良好、3令人滿意、4表現尚可、5有所缺失，以及最低分6表現令人不滿。相當於美國字母評分系統A至F。

們根本不需要成績評量這項比較工具，而且它甚至會造成嚴重傷害。至於是什麼樣的傷害呢？我們接下來會進一步討論。

假如學習歷程是一趟健行……

讓我們將中小學階段視為一趟學習旅程，或甚至進一步把它比喻成一趟長途健行，其中包括多處檢查哨與里程碑。但每個孩子的健行之旅看起來都不甚相同。有人的路徑比較狹窄、顛簸，而在同一段路程中，有人的路徑看起來很寬敞、鋪設完善，但或許到了下一段路程時，情況會相反。因為每一個孩子在健行途中的每一個階段都會遇到不同體驗，取決於他們當下的心境、準備程度與健行裝備。因此，沒有人的健行之旅可以被拿來互相比較。

根據我的觀點，學校的目標應該是要盡可能在每個孩子的個別學習旅程中提供最好的支持。當然啦，大家在某些路段可以步調一致，或至少嘗試並肩而行。但支撐在這背後的應該要是一份堅毅的信念與認知，那就是：並不是所有的孩子都必須在特定的時間點抵達特定的檢查哨。

而在孩子的學習旅程當中，持續給予回饋更是重要：「你現在站在這裡，你已經在過去幾天、幾星期中達成那些東西了，然後這就是我們現在必須繼續前進的內容。」這般學習陪伴將會對孩子的個人學習歷程帶來莫大助益。

不過，我們真正做的卻是讓全班二十六位學生以一致的步伐前進。這種做法不但使有能力走得快的學生受到懲罰，不斷在隊伍後面追趕、因此無法體會到美麗的自然風光的學生也是。假如有個孩子扭到腳了，我們也不會停下腳步，只會繼續往前走。

在這二十六位小小健行者當中，一定總會有一些人能夠走得比其他人更快，他們有能力、也有可能比別人更早抵達檢查哨，那只是因為他們的步伐比較快罷了，但他們也不被允許這麼做。他們必須不自然地放慢速度，有時候甚至會完全止步，因為在這種考試制度當中，不但不需要速度，也不會藉此獲益。

到最後，這也會變成剝奪最快健行者樂趣與熱忱的好方法喔。我知道這不是故意的！但這個理由也無法減少已造成的傷害，這種情況在平均之上與平均之下的學生身上都能看到（這裡所使用的「平均」一詞毫無任何評價意涵）。現在，我們就先來看看特別優秀的學生的情況吧。

學霸的悲劇

現行的成績評量與考試體制，也會對那些在學校得到「表現優異」成績的孩子帶來損害。我知道，這聽起來像是一個奢侈的問題，但其實一點也不。

每一個班級中，尤其是在小學階段，都一定會有一些學生幾乎總是都能拿到「A」。考試體制對他們所帶來的傷害極具破壞力，甚至可能會毀掉他們的一生──我們接下來馬上就會看到了。

如果一個孩子永遠都拿「A」，所有相關的人勢必都會感到欽佩。不過，大家都忽略了，這個孩子肯定沒有得到足夠的挑戰。他在學習過程中，不需要冒險跨出舒適圈，或努力理解學習教材，但卻依然不斷接受到一切都做得「非常優異」的評語。然而，當他的表現其實仍遠遠不及他的最大潛能時，那根本稱不上表現優異。相反地，他的學習方式其實「非常糟糕」。這種情況在某個時間點難免會造成嚴重的問題，也就是當這個孩子必須真的下功夫學習過去從未學過或練習過的全新知識領域時（亦可見第一章或第十章）。

因此，如果這些孩子參加的考試可以困難到讓他們必須真的費力準備、必須冒險跨出舒適圈的話，那才是更重要、更有意義的做法。雖然他們在過程中很可能會遇到失敗，但他們同時也才能認識到「真正的學習」是什麼。可惜的是，目前的考試體制並無法提供他們這種機會。

相反地，這些孩子在他們低年級時，基本上只有成功的經驗，這難免會導致他們相信：「學習就是專心上課、晚上回家再讀一遍，然後我就可以在考試上拿到全『A』成績了！」有一天這個幻象將會像肥皂泡沫一樣破掉，因為在高年級階段、高中，或者大學與職場上，學習內容會變得非常廣泛且複雜，到時候這種「學習方法」就再也行不通了。頓時之間，眼前堆積如山、無法掌握的學習內容讓這些原本全「A」的學生感到無助，因為他們以前沒有學過如何攀越具有挑戰性的大山。他們小時候在學校沒有遇過這種挑戰，也因為持續不斷地處於「挑戰不足」的情境中，而沒有機會學到人生必要的一課。

結果，他們許多人會開始對自己、世界、學業及職業產生懷疑。他們無可避免地認為：「所以，我並不像自己以前以為的那麼聰明，或是當別人看到我的全『A』成績時告訴我的那樣。我大概什麼都不會吧。那些小學老師肯定都搞錯了，因為我這個也不會、那個也不會。」正因為這種思維（見第一章「固定型思維模式」），他們會在真正的挑戰上面臨失敗——但其實完全沒必要啊。

因為在如此關鍵的情境中，他們只需要好好坐下、持續對這些複雜的學習內容投注心力即可，也就是：不斷重複閱讀、研究，直到他們完全理解；再不斷地複習，直到它們「深深烙印在腦袋裡」；接著，當然會在應用的時候犯一些錯，那就再複習一遍，直到他們真的完全學會、對內容徹底精通為止。但這項簡單的過程、這種真正的學習，對他們而言卻全然陌生。

因此，對於那些不太費力、或完全不必費力就能得到好成績的孩子，我並不會對他們這麼和善。

成績對於學習較慢的孩子的影響

每個孩子的學習速度都不一樣。有些孩子的學習速度比其他人慢上許多，他們在目前盛行的教育體制與成績評量體制中總會拿到糟糕的成數，因為他們在考試舉行的時候仍未熟悉學習內容。而這才是他們成績不好的原因，並不是因為他們真的像成績所暗示的那樣「糟糕」。他們並不糟糕，只是比較慢而已。

假如考試結束之後，孩子沒有將考試中的各項主題確實核對、完整學習的話，那前述的情況也會再次出現。沒錯，很可惜地，成績會終止學習過程，因為大家通常會直接進入下一個新的主題。雖然還有人仍未抵達檢查哨，但健行隊伍依然繼續前進。

舉數學的分數為例吧。有個孩子在第一次課堂小考上拿了「F」，這個「F」會快速且具有可信度向孩子表示：「我不會分數！小考清楚地表明這項事實了！」於是，這個孩子往後只要碰到分數，就會這樣告訴自己。他在往後的求學階段仍會在數學課中遇到上百道分數。但「F」這個成績「說謊」了。

如果我們更深入地審視這個孩子的表現，會發現其實他在考試的時候，或許已經可以將簡單的分數掌握得不錯了，擴分和約分都沒有問題，唯有加法和乘法還沒有非常熟練罷了。他是因為這樣才得到「F」的，但成績本身並不會揭露這些資訊，反倒刪減了部分事實。更重要的是，成績沒有提到：如果這個孩子有更充分的時間走到這個檢查哨，那他在兩個星期之內就可以完美地掌握分數了。

當然，也有具備同理心的老師會鼓勵孩子：「你一定可以辦到的！你只是需要稍微多一點時間跟上進度。」這種做法本身立意良好，但成績比老師的話更大聲，孩子很快就會根深柢固地相信：「我不會做XY，我在XY這件事上就是很爛啦。」這讓我想起「超級英雄小孩」（Superheldenkids）共同創辦人卡瑞爾．米坎（Karel Mikan）曾經說過的話：「人可以很熟練或不熟練，但絕對不會很爛。」

成績扼殺動機

不論孩子究竟是學霸或學習速度較慢，一旦大家把重點放在成績上，孩子的內在動機就會隨著時間愈來愈顯壓抑。

比約恩．諾爾特（Björn Nölte）在他的書作《沒有成績的學校》（*Eine Schule ohne Noten*）[6]中拿海豚作為類比，描述道：海豚在野生環境中經常跳出水面，或許是因為牠們很快樂，或是出於生物原因——我們不知道——但總之，這些跳躍的活動相當常見，也是海豚的自然行為。

假如牠們後來被關在遊樂園內，並被教導特別編製的表演動作，從此之後，每當牠們跳出水面，就會獲得一隻魚作為獎勵。短短幾週之後，牠們就再也不會做出自然

6　譯注：本書尚無中譯本，書名為譯者暫譯。

的跳躍行為了，只會在能獲得魚的時候跳躍。成績評量正讓我們在學校經歷完全相同的事。

假設有個孩子原本對聽故事很感興趣，或者可以花上好幾個小時全心投注於一項手工藝作品的製作。而現在，他們在學校學到做這些事會得到成績。漸漸地，他們就不再主動做手工藝或專心聽故事了，除非有人保證他們可以藉此獲得好成績。即使老師構想出很酷、很吸引人的作業，第一個問題仍然是：「這個會算成績嗎？」如果不會的話，孩子的執行動機便蕩然無存，即使作業本身很有趣也一樣。多麼可惜啊！這也是成績評量機制無意間導致的結果；一旦我們開始評分，就一定會引發這種結果。

考試與成績的替代方案

那我們究竟應該如何檢驗學習狀態呢？**我的第一個建議是：讓孩子自己決定他們想要什麼時候小考。**

我敢大膽斷言，任何具有一般能力的孩子（我們這裡先暫不討論有嚴重學習障礙的孩子）都絕對能夠精通從一年級直到高中畢業考試之前所教的所有內容。包括特殊教育學校的學生也是，他們只不過需要稍微多一些時間罷了。

我絕對贊成使用小考來檢驗學生已經學會哪些內容了。不過，我的建議是要先等到孩子對學習內容感到有把握時，再讓他們進行小考。這麼做可以讓孩子免去許多考試焦慮及負面學習經驗；這兩者對於學習過程都極具破壞力。

我的第二個建議是：我們就再重考一次吧！

假設三年級的第二次通識小考的主題是「森林與樹木」，一個孩子拿到成績「D」，但我們到底為什麼執著於如此平庸的表現呢？為什麼我們不多給孩子一次機會，讓他在重考時再更深入地潛入森林、再次展現他所學到的知識呢？沒有人會因此有所損失。

當然啦，這會需要投入額外的力氣進行安排，但這不足以成為論點。已經有學校在實行這種做法，而也不會花太多力氣。他們設置了一間監考教室，一直都有不同年級的學生會來寫不同份小考。看學生哪天覺得自己準備好了，他們就會進到這間教室坐下，在有人監考的情況下寫完考卷。不論是允許重考的機會，或讓學生自由選擇小考日期，甚至都沒必要改掉整個教育體制。

我們唯一需要做的是改變自己的心態，並且屏棄廣為流傳的「你得到自己應得的分數！」的態度。取而代之的是，我們應該更堅定地相信，我們想要讓每一位坐在這裡的學生獲得最好的發揮，即使我們為此必須讓他們重考或自己選擇小考日期也沒問題。

另外，這麼做也能順便幫那些學習快速的學霸一個大忙，因為這樣一來就不會浪費他們的時間了。例如，其他孩子可能需要三、四週的時間準備考試，但他們可以在兩週後就完成考試。假如孩子對考試出現誤判的情況、拿到不好的成績，那他們可以跟其他孩子一起重考。這樣有什麼不好嗎？

我的第三個建議是：我們可以引入「通過／未通過」分類以取代成績。

這背後的概念是，熟悉學習內容的重點並不在於完美，反而同時也要將人類思緒中的創意與多元成分納入考量——孩子已經非常熟悉XY內容了，有辦法加以應用；特殊解法也能獲得讚賞，粗心的錯誤不列入考量。

於是，「不及格」就只是代表「『尚』未通過」。相較於傳統的成績「F」，這種新分類所表達的是：「你只要繼續加油，直到你也通過就好了！」

我的第四個建議是：採用替代方案來取代筆試！

除了考試之外，還有許多不同類型的表現方式，例如書面資料報告、小組作業、口頭報告、自製播客節目……等各種能夠證明孩子已經學會應該學習的內容的方式。相較於為了某一次考試（由固定的題目與既定的答案組成）而不斷讀書，以上這些證明方式反而更能夠有效反映出學習實況。

態度才是關鍵

雖然德國現在確實有在初步推動廢除小學的成績評量機制，有些學校也已經至少將這種做法引入一年級至四年級階段，但「改變之輪」轉得非常緩慢。依我們個人的力量沒有辦法改變整個考試體制，但我們可以改變自己對於成績的態度。這麼做並沒有任何成本，唯有洞見、些許決心，以及持續採用。而且現在就可以馬上開始。

第一步就在於我們如何跟孩子談及成績。重點是，我們得採取賦予力量、兒童友善的方式，例如：「你還記得你在夏天的時候是怎麼學會騎腳踏車的嗎？跟你同年的湯姆（Tom）在春天的時候就已經學會了，不過現在秋天你們可以一起騎腳踏車了——這樣子什麼時候學會還有什麼差別嗎？沒有，對吧？你們兩個都一樣厲害，你們一起在街上騎來騎去耶。但你現在試想一下，假如五月那時候有個腳踏車考試，那湯姆大概會拿到『A』、你拿到『F』。根本不合理，對吧？但這就是成績的運作方式。」

順帶一提，許多都會同意我說的這一點。我認識好幾個老師不喜歡改作業、給成績，甚至為此感到痛苦，因為他們知道：「這個孩子一直都充滿學習動機，但我現在又必須給他很爛的成績了。」這些老師難受的原因在於，他們知道這會讓孩子感到多麼氣餒。孩子本來其實好好地走在正確的道路上，直到這個愚蠢的爛成績出現，摧毀他在學習上美好的進步過程——這些老師都把一切看在眼裡，並親身經歷。

不過，只要考試與成績評量體制還沒出現重大轉變，那關鍵就仍在於：我們對成績的態度在其他層面也得改變（詳見第三章），包括不因為成績差而責罵，也不要過於讚揚好成績。當然啦，如果孩子拿到好成績很開心、甚至雀躍地回家，你還是可以、也應該與他們擊掌歡呼，發自內心深處、真心誠意地說：「太棒了！做得好！」

但在歡呼之後，我會馬上轉移到與內容相關的問題，例如：「你寫的哪一個答案讓你感到最自豪呢？哪一題最困難？你從這次考試中獲得什麼？那你接下來要繼續學些什麼呢？」

面對成績不佳的時候，可以說：「你看，你已經會做這些了！」讀完前面的章節之後，你已經知道，即使孩子考試考得不好，我們仍然總能找出做得好的地方。接著，馬上將焦點放到內容上：「你現在可以從中學到什麼呢？你想要在哪些地方繼續加油呢？」

有了這種態度與支持之後，我們至少可以為成績所帶來的一些負面影響做一點緩衝。

總結：為什麼應該廢除成績制度

如果你需要在親師座談會或其他地方提出一些不錯的論點，向別人解釋為什麼成績評量毫無意義，我將在以下整理出七個最重要的討論面向。

一、成績並不公平

成績評量並不會將學習的初步條件納入考量，包括：每日情緒狀態、社經背景、語言能力、家長的教育背景、家中給予的支持、潛在創傷、心智成熟度，以及其他更多因素。將這些因素全都納入個人表現，對於自我意象而言相當重要。

二、成績形成錯誤的比較標的

我認為，尤其在一年級至八年級階段，將孩子的表現優劣互相比較根本毫無意義。唯一的關鍵是，孩子跟自己X週前的學習程度比較起來，究竟表現得好不好。

如果我們不斷地拿一個隨機挑選的對照組（一個班級就是這種概念）作為衡量孩子的標準，其實毫無意義。因為如果把同一個孩子放到其他班級中，他說不定會顯得超級優秀或非常差勁。

比較向來具有殺傷力，而比較的結果也總是取決於被選中的對照組。成績會給孩子一種「可比較」的幻覺，但卻根本無法予以兌現。

在我們的教育體系內，我希望被敞開的門可以多於被關上的門，而且每個孩子都有機會可以發揮他們的最大潛能。

三、成績好使人傲慢

總是拿全「A」的孩子常常會覺得自己比其他所有人都聰明（僅限於同一個班級的範圍內，見上文第二點）。有一天，他們會碰到一些自己不會的東西，很可能就會選擇放棄，因為他們從未學過如何面對做了很多努力之後仍失敗的情境。讓我再重申一次：當孩子永遠都只拿到優良成績，就代表他們在學校接受到的挑戰不足，那等於在浪費他們的時間。

四、成績不好使人氣餒

根據德國聯邦教育部常設會議（die Konferenz der Kultusminister der Länder）一九八六年（！）的決議，「當表現無法達到要求，並且連基本知識均有所缺失，無法於可預見之未來補足」時，學生就會得到Ｆ的成績。我們該拿這段描述怎麼辦呢？

「可預見之未來」的意思是什麼？幾天、幾週、幾個月？我遇過很多孩子原本在數學拿到Ｆ，但經過短短幾小時的課後輔導之後，他們就可以在同一份考卷上得到Ａ了。

所以，我要怎麼覺得自己有辦法決定一個孩子沒有能力在「可預見之未來」修正自己的不足啊？

此外，有些老師現在有時候仍會採取一種令人震驚的策略：「我現在要給這個孩子很爛的成績，這樣他才會更有動機更加努力。」我至今仍未遇過任何孩子會按照這種劇本運作。成績不好只會使人氣餒，不會激發動機。

五、孩子其實根本不想要成績

孩子想要也需要認可、回饋、賞識與監督，他們需要差異化的回饋：我已經學會什麼了？我還不會什麼？我下一步該學習什麼？差異化很重要、合理，而且有助益，但成績評量毫無這些特質。當孩子在一個充滿成績與比較的環境長大時，他們本身看起來似乎也很想要獲得成績。但我們從其他國家與教育體制的案例中得知，這其實是社會化的效果。如果孩子去上學不會收到成績的話，他們會變得放鬆許多，也能享有更多學習樂趣。

六、孩子只會為了成績學習，再也不會為了自己

所有孩子來到這個世界上、剛踏入學校時，都是充滿熱忱與內在動機的學習者。一切新鮮事都令他們感到興奮，必須馬上嘗試才行。在開始上學以前，他們已經藉由這種方式學會無數的東西，包括：走路、吃飯、說話、騎腳踏車、社會行為……等成千上萬種孩子每天都在學習、完全不會被注意到的小事。事實上，孩子早在上學第一

天以前，就已經處理過大量的「學習材料」，份量大到令人不可思議。太多孩子與生俱來的學習樂趣卻被學校摧毀了。之所以會這樣，涉及了許多因素，而成績與考試體制便是其中一項。

七、成績只是瞬間快照

成績單純只描述了一個孩子在一個特定的時間點、一個特定的空間內，以及一道特定的題目上，有辦法針對一個特地的學習主題做出多好的表現。就只是這樣而已。孩子是否在三天後就有辦法顯著進步？或是家長在考試前一天晚上是否大吵了一頓？或是某些題意不明的題目是不是可以換一個描述方法？成績無法呈現這些資訊，但這些都是很有趣且重要的問題，只不過成績無法予以回答。

第十三章
齊力合作才有效

話語的力量

這本書原文的副標題是「如何成功學習」（Wie Lernen gelingt）。在這個脈絡中，有一點經常被人忽略，那就是各個位置上的大人必須齊力合作，包括父母、繼父母、祖父母、親戚、鄰居、課後輔導老師，以及最重要的學校老師。簡言之，在這個清單上所有能夠影響孩子學習歷程的每一個大人，都有可能是、或成為孩子未來口中的那個人：「如果當時沒有某人的話，我就不可能達成某事，那我就不會成為今天的我了。」

我們應該時時謹記這份足以影響年輕人學習歷程的力量，以及伴隨而來的重大責任。任何從這些大人口中說出的無心之語，都可能會成為年輕人的心理負擔，甚至有時候會壓在他們心中長達數年之久。另一方面，激勵人心的字句可以帶來啟發效果、讓年輕人終生受用，也可以形塑年輕人的求學途徑，並影響他們的人生決策。我想要舉一個我自己生命經驗中的例子：我在十五歲的時候，去讀了一所由耶穌會創辦的寄宿學校，必須努力補上落後了四年的拉丁文，這是因為我原本就讀的是使用現代語言的文理中學。但我當時是拿獎學金去讀的，本身沒有什麼錢，所以我付不起拉丁文課後補習。不過，當時那所寄宿學校的校長和宿舍長說：「我們會想出辦法的。你在其他科目的表現都很出色，那不然我們就這麼做吧——你在學校幫小學弟、小學妹課後輔導，那我們替你安排拉丁文老師來幫你補習拉丁文。」就這樣，雖然我從未想過這種發展，但我一夕之間就變成課後輔導老師了。

剛開始，我對於自己到底在做什麼根本毫無頭緒。至今，每當我想起自己在面對第一個課輔學生伊莉莎白（Elisabeth）時的無知模樣，依然感到非常抱歉。我當時坐在她旁邊，目瞪口呆地盯著她的五年級數學課本。一開始，我們倆都不確定該怎麼做，但我們鍥而不捨，我盡了最大的努力試著向她解釋課程內容。而她在下一次數學小考中，從E進步至B。

這樣的結果使我名聲大噪，從此之後，我就再也躲不掉來自各方的課後輔導請求。由於我當時自己也還是個學生，而且只有十五歲，在以上考量之下，我決定同時幫好幾個小朋友一起課輔，是比較合理的做法。而我很快就發現，他們大部分都缺乏練習，因此讓大家一起練習也是一個好辦法。於是，我就這樣成立了自己的第一間小小補習班。

我不久後就雇用了其他「老師」。短短一年之後，所有介於五年級至八年級的學生都獲得了所謂的學習獎助，也就是寄宿學校官方提供的課後輔導資源。這簡直像是為我提供了一個超棒的遊樂場，我大可以藉此嘗試我所想到的所有點子。我們播放莫札特當背景音樂；我們一邊活動筋骨、一邊算數學，也玩了專注遊戲，然後練習、練習、再練習。如今，每當我想起當年的情況，依然無法相信校長和宿舍長就這樣任由一切發生。但他們兩人顯然對我寄與莫大的信任。

那幾年就這樣度過了，直到我高中畢業為止。當年，我是「課輔老師卡洛琳」，但我並沒有想太多。在我所處的那個優渥環境中，我夢想擁有一個超群不凡的未來，可以賺很多錢，甚至到麥肯錫（McKinsey）當個管理顧問。現在回頭去看當年的想法，我不得不莞爾一笑——那份工作多麼不適合我的個性啊！

在我高中快要畢業的某一天，校長在走廊上把我叫住，他說：「如果你未來沒有做任何跟孩子有關的事情，會非常可惜。」我還記得，那時候我只是禮貌地點了點頭、有點被冒犯地走掉，還跟我朋友抱怨，覺得他很愚昧——怎麼會認為我沒有其他潛能了呢？我就像其他只有十八歲的人一樣，感到超級不爽。

高中畢業之後，我開始在慕尼黑攻讀哲學學位，同樣也依靠補習收人作為財務來源。而同樣地，我也覺得這只是我的平時消遣和收入來源，但絕不是我的終身志業。畢竟，我注定要做更偉大的事。

幾年後，我陷入嚴重的個人危機、開始質疑一切，並出現輕微的憂鬱傾向。在那段期間發生了兩件事。第一，我去拜訪我姊姊的時候心情不太好，然後她請我陪她兒子一起準備英文小考。雖然我實在沒有什麼力氣，但我為了她和我侄子還是照做了。讀了兩小時的英文之後，我突然心情好多了，那幾個星期以來從沒這麼好過。就在那時候，我認清了，這份工作顯然不但適合我，而且我也需要它來治癒我的靈魂。

第二個經驗是我去印度旅行，就像一個典型的二十歲出頭年輕人，想去尋找意義、釐清自己究竟想要過什麼樣的人生。

我坐了無數趟的巴士，在其中一趟，我望出窗外，突然回想起當年校長對我說的話：「如果你未來沒有做任何跟孩子有關的事情，會非常可惜。」頓時之間，那句話變得再合理不過，我總算理解了，校長當時就已經看透我了。

他很清楚地看見，一個十五歲的人竟然有辦法為所有低年級學弟妹創立課後補習班，那肯定擁有特殊天賦。

有鑑於這般遲來的醒悟，我開始對這條道路敞開心胸，回家之後，先以非常輕鬆的方式開始教學。我籌劃了數學科的高中畢業考準備營，並在各式各樣的情境下與青少年和年紀更小的孩子一起學習。幾年之後，我申請「為德國而教」（Teach First Deutschland）計畫，到柏林一個處於社會弱勢地區的學校教了兩年的書。後來，我生了第一個小孩。當我坐在沙發上哺餵母乳時，我開始在Instagram上分享如何有效陪伴孩子學習等相關知識。而現在你手上正拿著這本書呢！我相信，自己完全是因為當年校長的那句充滿智慧的話，才踏上這條路的。而這就把我們帶回這一章節的開場——你所說的話可能會帶來深遠的影響。能在孩子身上留下最深刻印記的，很多時候甚至不是最常跟孩子待在一起的人。

家長與老師攜手合作

我們目前完全還沒提過、但充滿潛能的一大領域，就是家長與老師之間的合作

（為了簡單理解，請把這裡的「家長」想成所有在私人場域中經常與孩子共事的大人）。

這些不同的大人「陣營」往往不但沒有攜手合作，甚至反而彼此作對。這大概是我們能在孩子身上造成最大傷害的做法了吧。沒有什麼事情會比家長在家裡抱怨老師來得更令人氣餒了。這麼做絕對會使孩子：第一，再也不尊重學校老師；第二，幾乎無法從老師身上學到任何東西。不管怎樣，這裡最大的輸家都絕對是孩子。

我很清楚地知道，外面有些老師確實極端難搞，大家絕對有正當的理由批判他們、認為他們很愚昧。不過，我強烈建議你，絕對不要在孩子面前提到這些事。透過家長代表或班級導師、直接跟那位老師對談，或者有需要的話，甚至可以透過學校行政處室來發揮影響力，都會是更好的做法。但，拜託，絕對不要在你家孩子面前表達。當你在跟其他家長或孩子班上的同學講話時，也必須特別小心，因為孩子常常會偶然從這些人口中聽到你講過的話。

良性漣漪效應

如果家長與老師之間可以維持相當良好的關係，那會極有幫助，對老師的工作與孩子的學習成就都會有很大的影響。在這個脈絡中，容我引入一個概念：良性漣漪效應（Engelsspirale）。那是什麼呢？那是惡性循環（Teufelskreis）的相反。

良性漣漪效應的運作方式是這樣的：稱讚會引出被賞識的感受，而被賞識的感受激發出更多動機，更多動機進一步導出更良好的表現，以及隨之而來的更多稱讚……以此類推。這就是良性的漣漪。

良性漣漪效應在所有人及所有脈絡中都可以發揮作用，其效果放在老師身上更是特別顯著。事實上，大多數的老師都在做非常大量、不為人知的事，因此也無法從中獲得財務上的報償。沒錯，很可惜的，特別投身於工作的老師並不會賺到特別高的薪水，或是在學校內享有特別崇高的地位。實際情況通常完全相反。他們常常得為教學自掏腰包，甚至會因此被一些同事嘲弄。即使一位老師致力於品質良好的教學長達數年，卻仍有可能從未獲得應有的賞識。這時候，就是身為家長的你踏入良性漣漪效應的機會了，不論這位老師目前處於漣漪串的哪個階段都沒關係。你只需要以非常具體的方式表達你的激賞，例如：「我想跟你說，我女兒的地理筆記本讓我感到非常驚豔。你的筆記本條目實在做得很好。光是筆記本條目就這麼好看了，讓我不禁會想，你在黑板上的繪圖肯定非常精緻吧？」或者：「瓦詩瑪（Washma）今天說，你在課堂上總是很有趣，她非常喜歡。謝謝你這麼活潑。」或者：「我今天把課堂上教的東西都看過一遍了，我很欣賞你教給孩子的所有內容。我家孩子從你身上學到很多東西。」或者：「我不知道剛才最後一堂課發生了什麼事，但卡拉（Carla）回家的時候很開心、很興奮，代表你一定做得很棒。」

你可以從以上這些例子看出，我們能夠用許多不同的方式表達稱讚。即使老師的教學中或許有其他缺點，但我誠心推薦大家試著找出優點。如此一來，你就能夠藉由稱讚使老師在教學上更加進步，因為當老師覺得自己受到看重的時候，他們很可能會在接下來的課堂上投注更多心力。然後，你再次對此表達賞識，那我們就正式啟動良性漣漪效應了。為此，我的網站上有提供一些免費下載的格式，也就是所謂的「感謝小卡」，你可以把它們列印出來，請孩子或你親自填寫內容。

我可以想像得到，你腦中可能會浮現一些老師是你絕對不會對他們這麼做的。我只能說，這還是值得一試啦。這些老師之所以會成為老師，也是因為他們想要教育、輔導孩子嘛。可惜的是，基於我們教育體制中的各種缺失，使太多的老師丟失了這份初衷。而你——有辦法將它再次喚醒。

試想一下，如果你家孩子的德文老師，每天都能讀到五篇類似前面舉例的那些訊息，或是生物老師在最後一堂課收到三段正向的回饋意見，這勢必能夠帶來正向的影響。受人欣賞而充滿力量的老師會變得更有動力，也會教得更好。

因此，我的建議是：最好可以跟其他家長攜手發起「感謝行動」，這樣你就不用擔心別人會覺得你個人的感謝行為是在「拍馬屁」。當有愈多家長參與——最好孩子本身也可以加入——那就能愈快帶動改變，老師也會做得愈好。

總結：時時謹記未雨綢繆

總而言之，我們可以說，家長與老師之間的關係極為重要，卻常常被低估了。關於這一點，有一句很棒的說法：「未雨綢繆——人應該在晴天的時候架設屋簷，而不是等到下雨時才做。」基於這個道理，我只能建議大家「在天氣尚好的時候」，也就是還沒有出現大問題的時候，與老師建立友好、充滿欣賞情誼的關係，同時確保你自己能夠盡量提供愈多「陽光」愈好。

在孩子往後的在校求學期間，當家長需要跟老師進行更嚴肅、困難的對話時，這般友善的關係就能提供良好的基礎。假如沒有先打好關係基礎，雙方很可能會爆出糟糕的衝突，最後受苦的往往會是你家孩子本身。所以，記得立下好榜樣，永遠保持禮貌、友善、尊重他人，並且和藹可親。主動稱讚孩子的老師，針對他們做得很棒的地方表達賞識。你將會驚訝地發現，這個舉動會對你家孩子帶來多少正向影響。

誌謝

這本書是我在懷第二胎的期間寫的。這次孕期為我的健康帶來莫大的挑戰，我原本想要徹底取消這本書的計畫，因為我完全沒有力氣，甚至後來在寫書的過程中，我也必須一直暫停，一次就休息個好幾週。

你現在手中之所以能夠握著這本書，最主要歸功於我那優秀的編輯——羅渥特出版社（Rowohlt Verlag）的茱莉亞・佛哈特（Julia Vorrath）。她打從一開始就很信任我，總是掛心著我的健康、以最善解人意的方式回應我的需求、通融我延後交稿期限，並配合我的工作方式。我最後之所以能夠寫完，全都多虧了她的耐心與鼓勵。

此外，我想感謝我傑出的同事蜜卡耶拉・波特（Michaela Bothe），我做不到的事她全都能辦到，總在背後替我撐腰。每當我又錯估事情時，她總能幫我解決問題。感謝你在過程中持續不斷地對我伸出援手。

也謝謝我的助產士西西・哈雪（Sissi Rasche）。如果沒有她敏銳的幫助，以及她所認識的醫生與諮商師等人脈，我大概沒有辦法撐過這次孕期，也就無法順利地完成這本書了。

特別感謝我先生亨德里克（Hendrik）。如果沒有他，我大概老早就放棄「與卡洛琳學習如何學習」（Learn Learning with Caroline）計畫。你打從第一秒就相信我做得到，在我的發文仍只有十三個讚的時候，你每天晚上都會鼓勵我。謝謝你在我脆弱的時候如此堅強，很慶幸這輩子我們能夠一起過。

最後，要獻給我的專頁@learnlearning.withcaroline的讀者「大大大」的感謝。沒有你們的支持，這一切全都不會存在。你們的回饋意見、暖心的留言、厲害的點子，還有許許多多的提問，都讓我每天變得愈來愈好。謝謝你們允許孩子在窗戶上讀書、學習，並且勇於重新思考學校與學習的可能性。

還想知道更多的話……

成長型思維模式相關研究

我在第一章討論到卡蘿・杜維克的研究。她做了一系列的研究，分別探討與成長型思維模式及固定型思維模式相關的兒童學習行為與表現。在杜維克教授早期的一項研究中，她想要探討孩子如何面對挑戰與艱難的任務。為了達到這項目標，她將一些難度稍高的任務指派給她的研究對象——一群十歲學童。有些孩子的反應出乎意料地正向，非常享受這份挑戰。他們發現，有難度的任務可以幫助他們拓展能力、學習新知——他們具備了成長型思維模式。

然而，對其他孩子而言，那次考試的經驗與結果將他們擊垮了。從他們的角度來看，他們的智力受到考驗，而他們認為自己失敗了——顯然屬於固定型思維模式。

杜維克下一步接著研究具有固定型思維模式的孩子如何處理失敗，在未來的考試情境中又會如何表現。她發現，這些孩子如果前一次考試沒有通過的話，那這次非但沒有更加努力地讀書，其中許多人反而會訴諸於作弊，或是利用任何方式騙取分數（Blackwell, Trzesniewski & Dweck, 2007）。

而這些孩子在另一份研究中也表示，他們會尋找表現甚至比自己更差的人，好讓自己感覺好過一點（Nussbaum & Dweck, 2008）。

其他還有無數份研究顯示，具有固定型思維模式的孩子基本上會不斷地逃離挑戰與難題（Hong, Chiu, Dweck, Lin & Wan, 1999; Moser et al., 2011; Mueller & Dweck, 1998; Nussbaum & Dweck, 2008）。

此外，也有科學家測量過小學生在遇到錯誤時的腦電活動（Moser, Schroder, Heeter, Lee & Moran, 2011）。具有固定型思維模式的孩子幾乎沒有呈現出什麼活動；他們的大腦只有稍微地碰一下錯誤而已。相反地，具有成長型思維模式的孩子呈現出大量活動；他們的大腦可說是以高速運轉在處理錯誤、從中獲得學習，並加以糾正。

在杜維克嘗試尋找脫離固定型思維模式的方法時，她也有做一些研究去探討如何將孩子的思維模式，以及後續相個的整體表現，導往正確方向。起初，她將焦點放在「稱讚」一舉。許多研究顯示，稱讚孩子的努力、毅力、專注力與進步等（相較於稱讚智力、天賦與成果）可以使他們的學習態度產生顯著的轉變，讓孩子變得更有韌性

（Mueller & Dweck, 1998; Kamins & Dweck, 1999; Cimpian et al., 2007; Gunderson et al., 2013）。

杜維克將這些研究發現應用於另一項後續研究（O'Rourke, Haimowitz, Ballweber, Dweck & Popovic, 2014），同時也開發了一款線上數學遊戲。其中，研究團隊並未將獎勵系統聚焦於計算結果，而是同樣針對進步、努力與孩子所採用的策略等面向進行獎勵。結果發現，孩子能夠做出更多努力、發展出更多策略技巧，平均而言也在遊戲中投入更多時間。此外，他們在遇到真的非常困難的任務時，也展現出更多毅力。

依據這種方式，想要影響小學生的思維模式其實是有可能的，而當他們的思維模式轉變為成長型時，便有可能進一步使他們的整體表現提升。杜維克及其團隊在其中一項研究中證明，當孩子為了學習新知與困難的事物、而將自己推出舒適圈時，他們的大腦中會形成全新的、更強韌的神經網路。相較於未接受成長型思維模式訓練的控制組，當表現較弱的孩子接受了相關訓練之後，他們的表現會隨著時間發生顯著進步；控制組的成績則隨著時間每況愈下（Blackwell, Trzesniewski & Dweck, 2007）。

參考資料：

Blackwell, L. S., Trzesniewski, K. H., & Dweck, C. S.: Implicit Theories of Intelligence Predict Achievement across an Adolescent Transition: A Longitudinal Study and an Intervention. Child Development, 78, S. 246-263 (2007)

Cimpian, A., Arce, H. M. C., Markman, E. M., & Dweck, C. S.: Subtle linguistic cues affect children's motivation. Psychological Science, 18, S. 314-316 (2007)

Gunderson et al.: Parent Praise to 1- to 3-Year-Olds Predicts Children's Motivational Frameworks 5 Years Later. Child Development, 84, S. 1526-1541 (2013)

Hong, Y., Chiu, C., Dweck, C. S., Lin, D. M. S., & Wan, W.: Implicit Theories, Attributions, and Coping: A Meaning System Approach. Journal of Personality and Social Psychology, 77 (3), S. 588-599 (1999)

Kamins, M. L., & Dweck, C. S.: Person versus process praise and criticism: Implications for contingent self-worth and coping. Developmental Psychology, 35 (3), S. 835-884 (1999)

Mueller, C. M., Dweck, C. S.: Praise for intelligence can undermine children's motivation and performance. Journal of Personality and Social Psychology, *75* (1), S. 33-52 (1998)

Moser, J. S., Schroder, H. S., Heeter, C., Moran, T. P., Lee, Y. H.: Mind your errors: Evidence for a neural mechanism linking growth mind-set to adaptive posterror adjustments. Psychological Science, 22(12), S. 1484-1489 (2011)

Nussbaum, A. D., Dweck, C. S.: Defensiveness Versus Remediation: Self-Theories and Modes of Self-Esteem Maintenance. Personality and Social Psychology Bulletin, 31, S. 232-242 (2008)

O'Rourke, E., Haimovitz, K., Ballweber, C., Dweck, C. S. & Popovic, Z.: Brain Points: A Growth Mindset Incentive Structure Boosts Persistence in an Educational Game. In Proceedings of the SIGCHI Conference on Human Factors in Computing Systems (2014), abrufbar auf academia.edu

國家圖書館出版品預行編目資料

教出自主學習的孩子：德國名師教你使用成長型學習思維，找回孩子主動學習的動機與專注力 / 卡洛琳・馮・聖安吉（Caroline von St. Ange）著；江鈺婷 譯. – 初版. -- 臺北市：商周出版，城邦文化事業股份有限公司出版：英屬蓋曼群島商家庭傳媒股份有限公司城邦分公司發行, 2025.09
面； 公分
譯自：Alles ist schwer, bevor es leicht ist: Wie Lernen gelingt.
ISBN 978-626-390-637-2（平裝）
1. CST: 親職教育 2. CST: 子女教育 3. CST: 學習心理學
528.2 114010728

線上版讀者回函卡

教出自主學習的孩子：

德國名師教你使用成長型學習思維，找回孩子主動學習的動機與專注力

原著書名 / Alles ist schwer, bevor es leicht ist: Wie Lernen gelingt
作　　者 / 卡洛琳・馮・聖安吉（Caroline von St. Ange）
譯　　者 / 江鈺婷
企劃選書 / 陳薇
責任編輯 / 陳薇

版　　權 / 吳亭儀、游晨瑋
行銷業務 / 周丹蘋、林詩富
總 編 輯 / 楊如玉
總 經 理 / 賈俊國
事業群總經理 / 黃淑貞
發 行 人 / 何飛鵬
法律顧問 / 元禾法律事務所　王子文律師
出　　版 / 商周出版
城邦文化事業股份有限公司
台北市南港區昆陽街 16 號 4 樓
電話：(02) 2500-7008 傳眞：(02) 2500-7579
E-mail：bwp.service@cite.com.tw
發　　行 / 英屬蓋曼群島商家庭傳媒股份有限公司城邦分公司
台北市南港區昆陽街 16 號 8 樓
書虫客服服務專線：(02) 2500-7718・(02) 2500-7719
24 小時傳眞服務：(02) 2500-1990・(02) 2500-1991
服務時間：週一至週五 09:30-12:00・13:30-17:00
劃撥帳號：19863813　戶名：書虫股份有限公司
讀者服務信箱 E-mail：service@readingclub.com.tw
城邦讀書花園 網址：www.cite.com.tw
香港發行所 / 城邦（香港）出版集團有限公司
香港九龍土瓜灣土瓜灣道 86 號順聯工業大廈 6 樓 A 室
電話：(852) 2508-6231　傳眞：(852) 2578-9337
E-mail：hkcite@biznetvigator.com
馬新發行所 / 城邦（馬新）出版集團 Cité (M) Sdn. Bhd.
41, Jalan Radin Anum, Bandar Baru Sri Petaling,
57000 Kuala Lumpur, Malaysia
電話：(603) 9057-8822　傳眞：(603) 9057-6622

封面設計 / 周家瑤
內文排版 / 新鑫電腦排版工作室
印　　刷 / 韋懋印刷事業有限公司
經 銷 商 / 聯合發行股份有限公司
電話：(02) 2917-8022　傳眞：(02) 2911-0053
地址：231 新北市新店區寶橋路 235 巷 6 弄 6 號 2 樓

■2025年9月初版
定價 480 元

Printed in Taiwan
城邦讀書花園
www.cite.com.tw

ISBN 9786263906372
EISBN 9786263906365（EPUB）